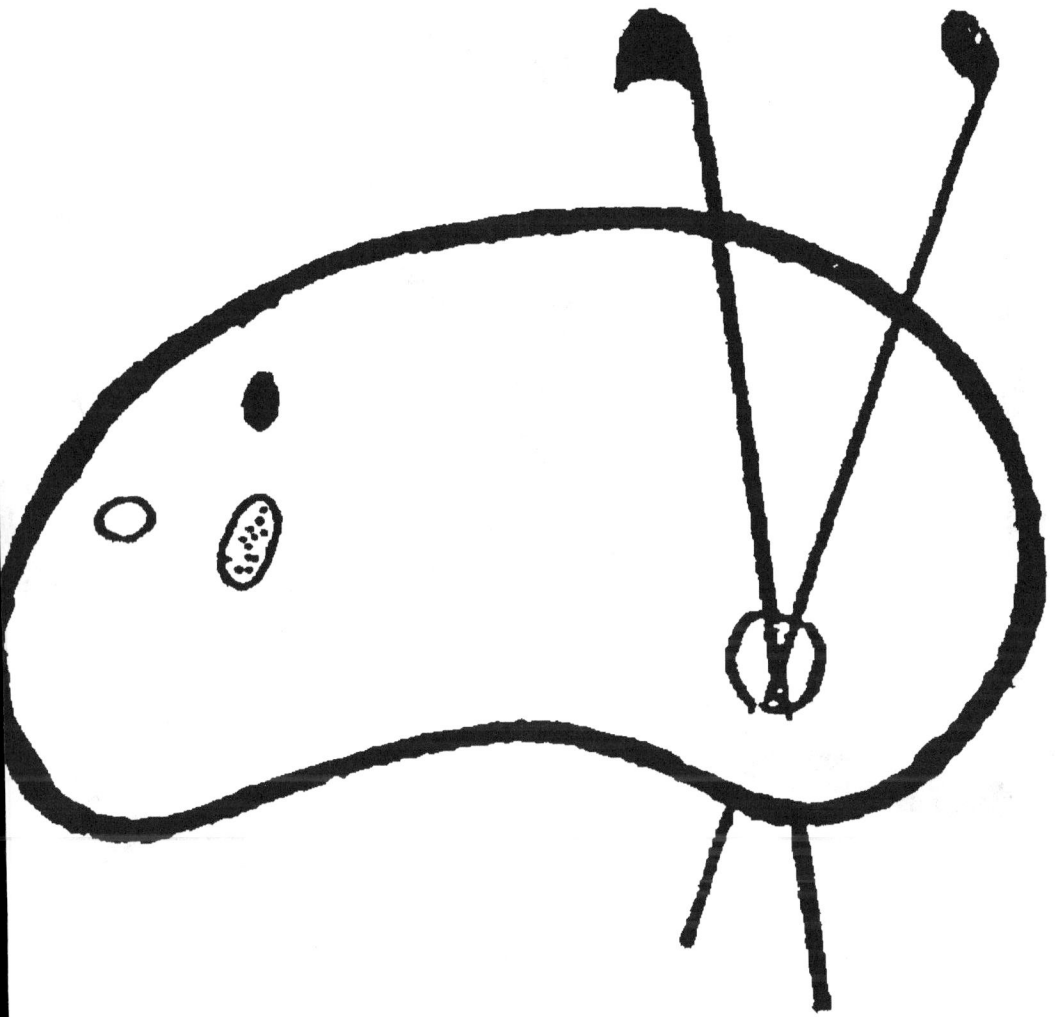

DEBUT D'UNE SERIE DE DOCUMENTS
EN COULEUR

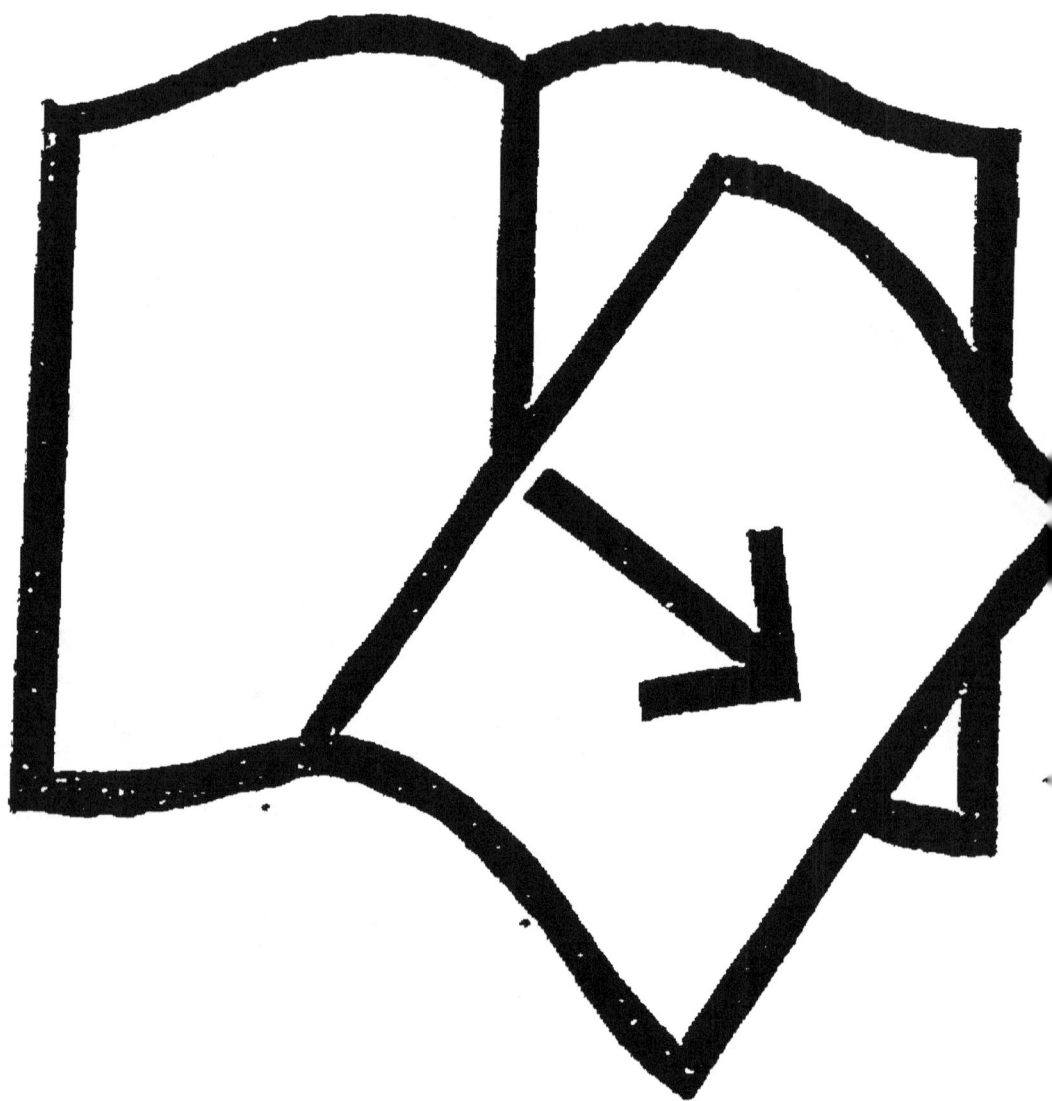

Couverture inférieure manquante

ÉTAT

DE

L'INSTRUCTION PRIMAIRE

DANS

L'ANCIEN DIOCÈSE D'AUTUN

PENDANT LES DIX-SEPTIÈME ET DIX-HUITIÈME SIÈCLES

PAR

ANATOLE DE CHARMASSE

CORRESPONDANT DE LA SOCIÉTÉ DES ANTIQUAIRES DE FRANCE

DEUXIÈME ÉDITION

REVUE ET CONSIDÉRABLEMENT AUGMENTÉE

PARIS	AUTUN
HONORÉ CHAMPION, LIBRAIRE	DEJUSSIEU PÈRE ET FILS
15, QUAI MALAQUAIS	IMPRIMEURS ÉDITEURS

MDCCCLXXVIII

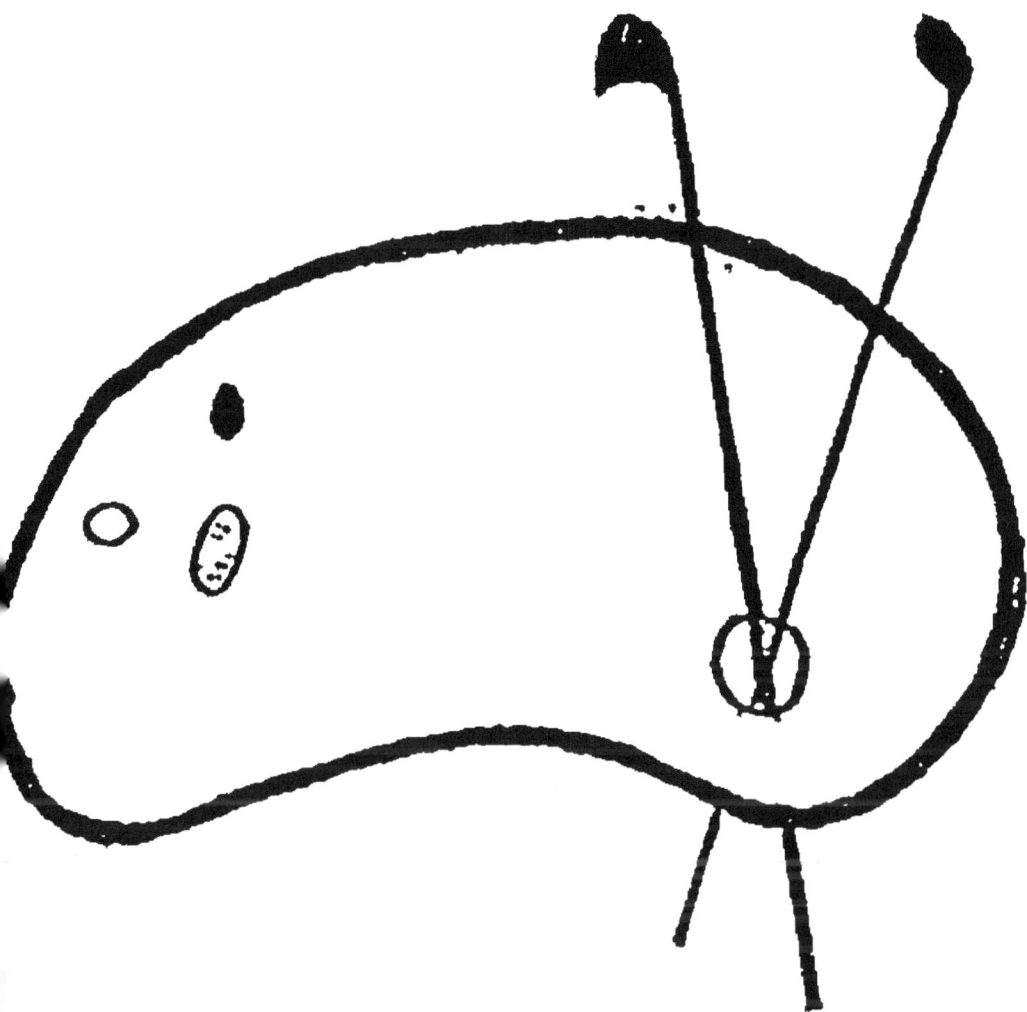

FIN D'UNE SERIE DE DOCUMENTS
EN COULEUR

ÉTAT

DE L'INSTRUCTION PRIMAIRE

DANS

L'ANCIEN DIOCÈSE D'AUTUN

EXTRAIT DES MÉMOIRES PUBLIÉS PAR LA XIIIᵉ SESSION
DU CONGRÈS SCIENTIFIQUE DE FRANCE

ÉTAT

DE

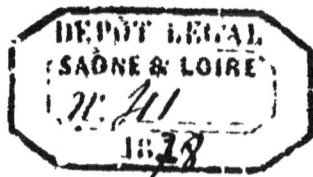

L'INSTRUCTION PRIMAIRE

DANS

L'ANCIEN DIOCÈSE D'AUTUN

PENDANT LES DIX-SEPTIÈME ET DIX-HUITIÈME SIÈCLES

PAR ANATOLE DE CHARMASSE

CORRESPONDANT DE LA SOCIÉTÉ DES ANTIQUAIRES DE FRANCE

DEUXIÈME ÉDITION

REVUE ET CONSIDÉRABLEMENT AUGMENTÉE

PARIS

HONORÉ CHAMPION, LIBRAIRE

15, QUAI MALAQUAIS

AUTUN

DEJUSSIEU PÈRE ET FILS

LIBRAIRES ÉDITEURS

MDCCCLXXVIII

ÉTAT

DE L'INSTRUCTION PRIMAIRE

DANS L'ANCIEN DIOCÈSE D'AUTUN

PENDANT LES DIX-SEPTIÈME ET DIX-HUITIÈME SIÈCLES

Parmi les institutions dont le temps présent se montre, à bon droit, le plus fier et le plus jaloux, l'instruction primaire est peut-être la principale. C'est assurément là sa plus chère conquête, celle qu'il revendique avec le plus d'exigence, et dont il veut le moins partager le mérite avec aucun des siècles qui nous ont précédés.

Cette prétention n'est ni sans fondement ni sans excuse. L'instruction primaire est devenue en quelque sorte notre affaire d'honneur, et, de nos jours et presque sous nos yeux, elle a pris un développement bien fait pour éblouir. Aussi la rapidité de la course et l'éclat du succès nous ont-ils dérobé la vue du point de départ et le spectacle lointain des premiers efforts. L'opinion est même si peu disposée à admettre ici la participation du temps passé, que, si quelque indiscret venait à demander quel était l'état de l'instruction primaire avant 1789, on lui répondrait, unanimement et sans hésiter, qu'il n'y avait point alors d'instruction primaire. Je doute même que la question parût autre chose qu'un paradoxe; je doute surtout que la réponse trouvât quelque contradicteur sérieux et convaincu. En cette matière, l'incrédulité tient à plusieurs causes : à ce qu'il n'y avait point alors un budget spécialement affecté à la subvention des écoles ; à l'abstention de l'État, sans le concours duquel rien ne nous paraît possible ; à ce que tout se passait sur place, sans bruit, sans discours ni circulaires qui vinssent avec à-propos faire appel au zèle des uns et à l'admiration des autres ; au défaut général de publicité ; enfin, à l'illusion si excusable qui nous porte à nous attribuer, non-seulement le progrès continuel et méritant, mais la création même de nos institutions.

Aussi, le dédain seul a-t-il jusqu'à présent tenu lieu d'enquête. J'ai cru cependant qu'une enquête désintéressée, et accomplie en dehors de toute pensée de controverse, aurait quelque raison d'être. C'est ce que j'ai tenté de faire ici, en formant un *dossier*, aussi complet que possible, de tous les témoignages qui nous restent et qui correspondent aux points suivants : 1° origine de l'instruction primaire dans l'ancien diocèse d'Autun ; 2° dans quelle mesure l'instruction primaire était répandue, et en quoi elle consistait ; 3° de la condition des maîtres d'école et de leur recrutement ; 4° de leurs devoirs ; 5° qui les choisissait ; 6° qui les rétribuait, et comment ; 7° qui les inspectait.

En interrogeant avec soin ces divers témoignages, on arrivera à cette conclusion : qu'au dix-septième siècle un effort sérieux avait été tenté pour régulariser la situation des écoles dans les campagnes ; que cet effort n'était pas demeuré partout sans résultat ; qu'en effet, on rencontrait alors, dans bon nombre de paroisses rurales, un maître d'école, choisi par les habitants, rétribué directement par eux, enseignant aux enfants, la lecture, l'écriture, l'arithmétique, le chant et même le latin. Assurément il ne devra venir à l'esprit de personne d'établir une comparaison, même lointaine, entre les écoles d'autrefois et celles d'aujourd'hui. Procédant d'une origine et d'une pensée fort différentes, créées pour faciliter aux hommes la connaissance et la pratique de leurs devoirs plutôt que la revendication de leurs droits, ces écoles avaient un caractère de simplicité et de modestie dont notre siècle ne saurait s'accommoder. Il ne s'agit donc ici ni d'une leçon à donner ni d'un modèle à proposer à personne. Je n'ai d'autre but que celui d'attirer l'attention sur le spectacle peu connu d'écoles nées par la seule vertu du christianisme, fonctionnant dans une obscure liberté, soutenues par le concours unique des intéressés, sans que la main puissante de l'État ait participé à leur création, ni que le secours d'aucun budget ait pourvu à leur entretien. On ne pourrait nier, sans folie, l'infériorité de ces écoles primitives ; mais en même temps serait-il conforme à l'équité de leur opposer les nôtres, soustraites à l'action parfois tiède et vacillante des individus, organisées, dotées, inspectées par le pouvoir central ? Elles appartiennent à un état de choses trop différent pour se prêter à aucune comparaison. Il convient mieux de laisser à chacune d'elles leur mérite particulier : aux premières celui du début, toujours pénible et rempli d'obstacles ; aux secondes, celui de la persévérance et du progrès, qui n'a jamais cessé d'être honorable parce qu'il n'a jamais cessé d'être difficile. Ainsi, on évitera ces jugements passionnés qui enlèvent à l'histoire toute raison et même toute excuse.

Depuis l'époque, déjà éloignée [1], où a paru la première édition de ce mémoire, la question de l'origine, des progrès et de la forme de l'instruction primaire, dans notre pays, a pris une importance qui exige de plus grands développements et elle a excité un intérêt qu'il convient de satisfaire. Aussi, s'est-il ouvert, sur plusieurs points, une vaste enquête à laquelle le ministère de l'instruction publique, un peu surpris de ses ancêtres inattendus, qui surgissaient ainsi de toute part, et désireux de connaître sa propre histoire, est venu apporter son concours et solliciter celui de chacun. C'est

1. En 1871.

pour répondre à l'invitation, contenue dans la circulaire
ministérielle, en date du 4 mai 1873 [1], autant que pour
détruire quelques préjugés qui n'ont peut-être pas l'ignorance pour cause exclusive, que nous venons une seconde
fois, non pas comme juge, mais comme simple rapporteur,
présenter au public les nombreuses dépositions que nous avons
recueillies. L'erreur persiste en effet dans quelques retran-
chements privilégiés, moins accessibles et mieux défendus,
où la vérité n'a pas encore pénétré. Quoique les négations
aient perdu quelque chose de leur hauteur accoutumée, on
dit cependant encore que « notre enseignement primaire date
d'hier..... que partout où il s'est établi, avant ce siècle, il est
fils du protestantisme [2]. » Sans discuter ici des assertions
dont l'auteur a négligé de produire les preuves et qui se
présentent ainsi sans aucun caractère scientifique, nous dirons
que les faits tiennent un langage bien différent ; que l'enseignement primaire ne date pas d'hier dans notre pays, et que
l'Eglise n'avait pas attendu la fameuse lettre de Luther aux
villes d'Allemagne [3] pour donner à l'école ce concours actif
qu'elle a toujours mis au service de toutes les causes justes
et généreuses. Non, les documents nombreux et précis n'au-
torisent pas cette condamnation sommaire. Quelque part que
l'État fasse à l'Église dans l'œuvre de notre enseignement
primaire, qu'il la bannisse comme une étrangère et une
intruse, ou qu'il lui conserve sa place comme à une aïeule
respectée, auprès de ce foyer qu'elle a allumé et entretenu,
il est un fait historique qui survivra à toutes les solutions :
c'est une action incessante, infatigable, qui a pu être troublée,
entravée, interrompue par les événements, méconnue par

1. V. *Bulletin du ministère de l'instruction publique*, année 1873, n° 306,
*Circulaire aux inspecteurs primaires sur les documents destinés au musée sco-
laire*, signée de M. Jules Simon.

2. V. l'intéressant ouvrage intitulé *Quelques mots sur l'instruction primaire
en France*, par M. Michel Bréal, p. 12, 13.

3. Id. ibid.

l'ignorance et les préjugés, mais qui s'est continuée, à travers les âges, comme l'expression d'un devoir essentiel, sans découragement ni lassitude.

Aux documents cités dans notre première édition, d'après les archives de l'évêché d'Autun, et qui etaient relatifs à l'action particulière de l'Église sur l'instruction primaire, nous en avons ajouté d'autres, plus abondants encore, tirés principalement des archives départementales de la Côte-d'Or, et qui se rapportent au rôle de l'État et au concours notable que les simples particuliers donnèrent à la fondation ou à la dotation des écoles. Nous ne croyons pas que la question ait encore été présentée à ce triple point de vue ni qu'elle ait jamais été accompagnée d'un aussi grand nombre de témoignages. De cet ensemble de faits, il résulte un enseignement dans lequel nous devons puiser un motif de généreuse émulation plutôt que de défiance ou de dédain : c'est celui du concours nécessaire, autrefois recherché, aujourd'hui méconnu, de toutes les forces sociales pour accroître les développements de l'instruction primaire. Action de l'Église, action de l'État, action des individus, telles sont les divisions de cette étude ; telles sont aussi les trois forces dont l'union donnera à l'enseignement, en France, l'extension et la solidité qui lui manquent encore : ne les séparons donc pas.

I

La fondation d'une église a presque toujours pour conséquence nécessaire la création d'une école ; l'une, en effet, ne va guère sans l'autre. Ainsi en usent aujourd'hui nos missionnaires de l'extrême Orient, et il est peu douteux que les apôtres des quatrième et cinquième siècles aient agi bien différemment. Aussitôt après le tumulte des invasions germaniques, quand l'Église put faire entendre sa voix, ses

premières paroles furent un appel pressant en faveur des
écoles. Les prescriptions conciliaires en font foi. Sans rappeler ici la série si connue des documents généraux, tels que
les canons des conciles de Vaison en 529, d'Orléans en 797 [1],
de Valence en 855, je citerai, comme étant en quelque sorte
l'application locale des préceptes de l'Église, le canon suivant
d'un ancien concile de Mâcon : « Et quisque presbyter qui
plebem regit, clericum habeat qui secum cantet, et epistolam
et lectionem legat, *et qui possit scholas tenere* [2]. » Voilà bien
chaque église produisant une école comme son fruit naturel.
Il convient de citer encore le troisième canon du concile des
évêques de la province lyonnaise, réuni à Chalon en 813 :
« Oportet etiam ut, sicut dominus imperator Carolus, vir
singularis mansuetudinis, fortitudinis, prudentiæ, justitiæ et
temperantiæ præcipit, *scholas constituant...* [3] » Quel fut le
résultat de cette décision des évêques de la province ? Ces
prescriptions demeurèrent-elles à l'état de lettre morte, ainsi
qu'on serait tenté de le croire, en l'absence des preuves de
leur exécution ? Je ne le pense pas. On rencontre, en effet, la
mention de deux de ces écolâtres, *scholasticus*, ou maîtres
d'école, Warnerius et Constantius, qui souscrivirent l'un et
l'autre à un acte de 954, rapporté dans le *Cartulaire de
l'Église d'Autun.* [4]

Le nombre des maîtres d'école qui avait faibli au onzième
siècle, à la suite des troubles et des désordres qui suivirent la
terrible famine de 1031, s'accrut au douzième dans une très
grande proportion, ainsi que nous l'apprend le célèbre chro-
niqueur Guibert de Nogent, dans le passage suivant, où il
raconte l'histoire de sa première jeunesse : « Il y avait, un
peu avant cette époque (1065), dit-il, et même encore depuis,

1. « Presbyteri *per villos et vicos* scholas habeant, etc. »
2. Je n'ai pu retrouver la date précise de ce concile de Mâcon, cité dans
les *Mémoires du Clergé de France,* t. I, p. 1003.
3. Labbe, *Sacrosancta Concilia,* t. VII, p. 1272.
4. V. première partie, ch. xxxviii, p. 61.

une si grande rareté de maitres d'école qu'on n'en voyait
pour ainsi dire aucun dans la campagne, et qu'à peine on
pouvait en trouver dans les grandes villes ; encore étaient-ils
d'une si faible science qu'on ne pouvait les comparer aux clercs
qui sont maintenant (1110) *dans les campagnes* [1]. » A en
croire le même auteur, tous les hommes étaient alors pris
pour l'étude d'une ardeur véritablement extraordinaire :
« Voyant que de tous côtés, dit-il ailleurs, on se livre avec
fureur à l'étude de la grammaire et que le nombre toujours
croissant des écoles en rend l'accès facile aux hommes les
plus grossiers [2]. » Que pourrait-on demander de plus aujour-
d'hui ?

Un peu plus tard, en 1251, il y avait à Autun un recteur
des écoles. Il se nommait maitre Guillaume, et fit, en cette
même année, une donation importante au prieuré de Saint-
Pierre-le-Moutier pour le repos de son âme et de celle de ses
prédécesseurs :

Universis presentes litteras inspecturis, nos magister G. de
Clamere, canonicus et officialis Eduensis, notum facimus quod in
nostra presentia propter hoc constitutus, magister Guillermus,
rector scholarum Eduensium, pro remedio animo sue et salute
necnon et predecessorum suorum, coram nobis, dedit et concessit
in puram et perpetuam elemosynam Deo, priori et prioratui de
Sancti Petri Monasterio medietatem omnium bonorum suorum
mobilium et immobilium, acquisitorum et acquirendorum, que-
cumque sint et ubicumque fuerint, a dictis prioratu et priore et
monachis ibidem servientibus, post obitum suum, habendam
pacifice, quiete et libere possidendam, promittens dictus magister
Guillermus, per fidem suam nobis corporaliter prestitam, contra
donationem et quitationem predictam, per se vel per alium ali-
quatenus non venire. In cujus rei memoriam et testimonium, ad
preces et instantiam dicti magistri Guillermi, presentibus litteris

1. *Vita Guiberti, ipsi auctore.*
2. *Histoire des Croisades,* préface.

sigillum curie Eduensis duximus apponendum. Datum anno Domini M° CC° L° primo, mense januario. [1]

Après lui, nous trouvons le nom d'Etienne de Veset, recteur des écoles d'Autun, dans un acte du mois de décembre 1284, par lequel ce recteur se rend acquéreur, au prix de 16 livres et dix sous de viennois, d'une vigne située à Sampigny, au finage de *la Molière*. [2]

Son nom parait encore dans l'acte suivant, de 1285, par lequel Etienne de Conflans, curé de Challemoux, lui vend une vigne située au même lieu :

Universis presentes litteras inspecturis, nos Guillermus de Bella Vevra, decanus Cabilonensis canonicusque Eduensis ac terrarius de Sampigniaco, notum facimus quod in nostra presencia propter hoc specialiter constitutus dominus Stephanus de Conflans, presbiter, rector ecclesie de Chalemo, dyocesis Eduensis, non coactus, non circonventus nec ad hoc dolo aliquo inductus, sed spontaneus et providus, et ex certa scientia, ut asserit coram nobis, vendit, tradit, quittat et concedit in perpetuum et precise magistro Stephano de Veset, clerico, nunc rectori scholarum Eduensium et suis heredibus quandam vineam ipsius curati, ut asserit, sitam in finagio de Sampigniaco, videlicet in territorio *de la Molere*, inter vineam venerabilis viri magistri Nycholai de Luxovio, archidiaconi Eduensis, ex una parte, et vineam Hugonis *de la Junchiere* ex altera, quam vineam idem curatus dicit ex titulo emptionis acquisivisse a Renaudo dicto *lou Bague* et Benigno *de la Junchiere*, pro decem libris viennensium eidem curato ut asserit a dicto emptore integre jam solutis in pecunia legittime numerata : et si dicta vinea plus valeat precio supradicto, illud plus donat et concedit dictus curatus dicto emptori et suis heredibus donatione irrevocabili inter vivos, se devestiens de dicto vinea venditor supradictus coram nobis, dictum emptorem investiens corporaliter de eadem

1. Orig. Arch. de l'évêché d'Autun, F. de l'abbaye de Saint-Martin.
2. Arch. d'Autun, F. de la Cathédrale, Sampigny.

per traditionem presentium litterarum, omne jus, dominium, possessionem et proprietatem dicte vinee in dictum emptorem transferendo, et nichil in .ea penitus retinendo, salvis duobus denariis censualibus monete currentis in patria de novo impositis, reddendis et persolvendis anno quolibet ecclesie beati Nazarii Eduensis. Promittit igitur dictus curatus, etc. Datum anno Domini millesimo ducentesimo octogesimo quinto, mense aprilis. [1]

Enfin, nous le trouvons cité une dernière fois dans l'acte d'une acquisition faite au même lieu, au mois d'octobre 1288. [2]

A cette époque, le désir de pourvoir à l'instruction de la jeunesse se fait jour dans quelques testaments qui destinent un legs spécial à cet intéressant objet. Cette sollicitude se rencontre particulièrement dans le testament de Jean de Bourbon-Lancy, archidiacre d'Avallon, en l'Église d'Autun, qui, en 1299, lègue une somme de dix livres de tournois, environ 1100 fr. au pouvoir actuel de l'argent, pour envoyer un enfant aux écoles, *ad erudiendum in scolis*. [3]

Etienne de Veset eut pour successeur Jehan au Fils ou le Fils, *Johannes Filii*, qui est cité avec la qualité de recteur des écoles d'Autun, dans deux actes des premières années du quatorzième siècle : l'un, du 8 novembre 1318, par lequel Guillaume *Trote Menu*, portier de la cathédrale de Saint-Lazare, vend à Symonète de Saint-Léger-le-Prieuré, une maison située à Autun, dans la rue de Prevain [4] ; l'autre, du 24 juin 1321, par lequel Gauthier Bretenet, d'Autun, vend au Chapitre un pré appelé le *pré Chaumard*, situé « in suburbio Eduensi, inter pontem Sancti Andochii et pontem Sancti

1. Orig. Arch. de la ville d'Autun, F. de la Cathédrale, Sampigny.
1. V. *Cartulaire de l'Église d'Autun*, deuxième partie, ch. CLIV, p. 268.
3. Id. ch. CLXXVII, p. 323.
4. Aujourd'hui la rue aux Rats. V. Arch. de la ville d'Autun, F. de la Cathédrale, cens et rentes sur les maisons de la rue aux Rats.

Johannis, et inter ripariam Arroti et oschias *turris de la Ge-nestoye.* » [1]

Après lui, on trouve, comme recteur des écoles d'Autun, Jehan Moingin en 1370. [2]

Cette école ne doit pas être confondue avec l'école épisco-pale. Celle-ci, plus spécialement destinée à l'instruction des jeunes clercs, avait pour objet l'enseignement de la théologie et de l'Écriture sainte. Placée sous la direction particulière du grand chantre et du chanoine théologal, elle était située dans les dépendances de la basilique de Saint-Nazaire, et plus tard dans une vaste salle attenant à la cathédrale de Saint-Lazare et qui subsiste encore aujourd'hui. Outre les jeunes clercs, un certain nombre de prêtres devaient aussi fréquen-ter les cours de cette école pour se perfectionner dans l'étude des sciences sacrées. D'après d'anciennes ordonnances syno-dales du diocèse d'Autun, rédigées au treizième siècle, nous voyons que ce nombre était de deux par chaque archiprêtré :

Statuimus et ordinamus quod singuli archipresbyteri nostræ diocesis duos ecclesiarum rectores de singulis archipresbyterati-bus, quos magis idoneos et paratos cognoverint ad audiendam theologiam et proficiendos in eadem, nobis aut officiali nostro ipsi statuendo, omni gratia..... cessantibus et favore. [3]

L'autre école, au contraire, était dirigée par un maître ou recteur, dont le nom ne se présente jamais accompagné d'au-cune qualification ecclésiastique ; il portait seulement le titre de clerc, *clericus*, qui, on le sait, s'appliquait à toutes les pro-fessions libérales. Cette école était située, *d'ancienneté*, dans la ville basse, la ville laïque, dans une maison de la rue

1. Arch. de la ville d'Autun, F. de la Cathédrale, prairie d'Arroux.
2. *Documents pour servir à l'histoire des institutions et de la vie privée en Bourgogne,* par J. Simonnet, p. 343.
3. D. Martène, *Thesaurus Anecdotorum,* t. IV, col. 477. Le texte est in-complet.

Saint-Christophe nommée *la grant maison Sainct-Christophe*
et qu'on désignait aussi sous le nom de *la grant maison de
l'escole* [1]. Cette maison appartenait aux religieuses de l'abbaye
de Saint-Andoche d'Autun, en vertu de la donation qui leur
en avait été faite au quatorzième siècle par messire Gui
Baraut, de Blancey, recteur de l'église paroissiale de Notre-
Dame-du-Château d'Autun, et par son frère, Thomas Baraut,
curé de Curgy. En 1453, l'abbesse de Saint-Andoche, Marie
de Vienne, avait cédé les revenus de cette maison à Jacote, sa
mère nourrice, pour en jouir sa vie durant. Les religieuses
vendirent cette maison, en 1459, à Huguenin de Montgachot,
notaire, au prix de cent sols tournois de rente [2]. Le nouveau
professeur la revendit, par acte du 4 janvier 1463, à Jehan
Chamart, clerc, châtelain de Chaseul, dont le fils, Guyot Chamart, écuyer, seigneur de la Chapelle, en céda la moitié, le
7 avril 1526, à Claude Charbonnier, recteur de l'école d'Autun.
Voici le texte de ce dernier acte de vente par lequel notre école
devint enfin propriétaire de l'immeuble qu'elle occupait depuis
si longtemps et dont l'antique destination avait fait donner le
nom de *rue du Vieux-Collége* à l'une des voies qui la con-
finait :

En nom de Nostre Seigneur, Amen. L'an de l'incarnation
d'icelluy courant mil cinq cens vingt six, le septiesme jour du
moys d'avril après Pasques, je Guyot Chamard, escuyer, seigneur
de la Chappelle, savoir fayz à tous ceulx qui ces présentes lettres
verront et ourront que je de ma certainne science, pure, franche
et libéralle volunté et pour ce que ainsy me plaist, vend, cedde,
quitte, rénunce, transporte et délivre perpetuellement, pour moy,
mes hoyrs et ayans cause de moy ou temps advenir, à vénérable
personne, maistre Claude Charbonnier, maistre aulx ars, recteur

---

1. *Terrier ms. de Saint-Andoche*, de 1453, fol. xix. Archives de l'évêché
d'Autun.

2. Arch. de la ville d'Autun. C'est la maison de la rue Saint-Christophe
qui occupe aujourd'hui le n° 9.

des escolles de la cité d'Ostum, présent, stipulant, acceptant et acquérant perpetuellement pour luy, ses hoyrs et ayans cause de luy ou temps advenir, la moytié par indivis d'une maison, grange, court et jardin, assise et située en ladicte cité d'Ostum, tout ainsy qu'elle se comporte avec ses aisances et appertenances, communément dicte et appellée la maison du grant Sainct Christofle, aultrement Chamard, en laquelle d'ancienneté l'on tient l'escolle audit Ostum, assise en la rue venant de la maison Lazaire Masoncle ès maisons Pierre et Guillemin Lombart, devers le bas à une rue tendent desdictes maisons Pierre et Guillemin Lombart à l'abbaye Sainct Andoiche dudit Ostum, par dessus à la maison et jardin Bartholomyer Bernard, bolangier, et par derrière à ung autre jardin que tient Anthoine La Geune, saulf à icelle maison, grange, court et jardin leurs autres milleurs et plus vrayz confins, fondz, droyz, aisances et appertenances d'icelle moytié de maison, grange, court et jardin avantdicts, ensemble tout le droyt, action, part, portion, proprietté, causes, querelles et raisons qui me compétent et appertiennent, pourroyt ou devroyt compéter et appertenir en ycelle moytié, partant par indivis avec noble homme Jehan Chamard, mon nepveur, avec ce tout le droyt, action, part et portion de la rante et cense que compète et appertient, peult et doibt compéter et appertenir à moy ledit vendeur sur une portion de la grange et jardin baillée à rente à Claude Maistre, cordonnier, par nous lesdits Guyot et Jehan Chamard, ensemble tous les errérages que ledict Claude Maistre me doibt et peult debvoir pour ladite moytié jusques à ce jourd'huy datte de cestes, desquelles moytié de maison, grange, court et jardin avantdicts, fondz, droyz, aisances et appertenances d'iceulx pour ladite moytié, ensemble des droyz, actions, causes, querelles et raisons avantdicts, je ledict vendeur me desveistz et dessaisi perpétuellement pour moy, mesdicts hoyrs et ayant cause, et ledict acheteur pour luy, sesdicts hoyrs et ayans cause en inveistz et saisi et luy en baillo et délivre par cesto la vraye, vuyde, reale, actuelle et corporelle possession et saisine, en le constituant quant à ce mon procureur spécial et irrévocable pour lesdictes moytié de maison, grange, court, jardin, droyz, actions, causes, querelles et raisons avantdicts tenir, porter et posséder, joyr et user, autrement en faire et disposer comme de sa propre chose et

héritaige, en mandent audict Claude Maistre et autres détenteurs
et occupateurs des assignaulx de la moytié d'icelle rente, et cense
qu'ilz aye à payer audict acheteur ou à ses hoyrs ladicte moytié
d'icelle rente et errerages d'icelle qu'ilz en sont et pourront par
cy après estre dehuz, à la charge toutesfoys que ledict maistre
Claude Charbonnier sera tenuz, sy bon luy semble poursuyvre le
décret encommancé sur ledict Claude Maistre par devant les
juges qu'il appartient, en ce réservé et non compris une petite
portion de jardin tenant par derrière au jardin La Gueune, limitée ce jourduy entre nous lesdictes parties, en présence du
notaire et de scientiffique personne maistre Guy Alixand, licencié
ès droyz, Pierre de Presle, maistre aulx ars, et je ledict vendeur
suys et seray tenus, ay promis et prometz pour moy et les myens
lesdicts héritaiges, droyz et actions avandicts et selon qu'elles
sont déclarées perpetuellement conduyre, garentir, deffendre et
en paix faire tenir audict acheteur et ès syens envers et contre
tous, chargés chacun an de deux frans demi de rente envers les
dames religieuses, abbesse et couvent de Sainct Andoîche d'Ostum, au terme Sainct Martin d'iver, et de deux blans de cense
pourtant loux, retenue et remuage, sans esmende, à la Nostre
Dame de mars, pour ladicte moytié deschargée de toutes autres
charges, servitutes, ypotèques et prestations quelconques, à mes
propres frayz et missions. Et ceste présente vendition, cession et
transport, je ledict vendeur, ay faict et fayz audict acheteur pour
le pris et somme de deux cent livres vaillant deux cent frans,
monnoye courant, à moy ledict vendeur pour ce par ledict acheteur payéz, baillez et délivréz manuellement, réaulment et de
faict, en présence du notaire et des tesmoings soubscriptz, en
quarante escus souleil d'or et de poys, pièce contée pour quarante
solz tournois, et le reste en testons et dozains, monnoye royalle,
tous calculé et nombré, revenant à ladicte somme de deux cent
livres, de laquelle somme je suis et me tient pour bien contens,
payez et satisfayz et en quitte ledict acheteur et les siens, etc.
Faictes et passées audit Ostum, par devant honorable homme
Hugues Rolet, clerc notaire royal et coadjuteur du tabellion
dudit Ostum pour le roy, nostre sire, présens honorable homme
et saige maistre Guy Alixand, licencié ès droictz, doyen hérédi-
taire de Thoulon-sur-Arroux, Moingeot Ravyer et Jehan Monnin

alias Petit, tesmoings a ce appelléz et requis, les ans et jours dessusdicts.   ROLET. [1]

Le recteur de l'école était, en 1468, scientifique personne Jehan Estiennot, maistre ès arts, époux de Huguette Guijon. Le 20 juin de cette année, celui-ci céda son établissement à maitre Pierre Barbier, ainsi qu'il résulte du passage suivant des protocoles de Jehan d'Aiguemorte, notaire à Autun :

Anno Domini millesimo cccc lxviii° die vero xx° mensis junii, magister Johannes Estiennot, in artibus magister, scienter et provide, cessit et transportavit magistro Petro Barberii, presenti, omnia debita pecuniarum et aliarum rerum sibi debitarum ad causam scolagii, pedagogii et alias ad causam scolarum Eduensium, ipsumque procuratorem suum specialem constituit ad recipiendum eadem debita, presentibus magistro Johanne de Monte Canino, canonico Eduensi et Guillelmo Nobleti, clerico, testibus. [2]

Cet acte prouve que l'école était la propriété particulière et personnelle du recteur, que celui-ci la possédait en propre et qu'il avait toute faculté de la gérer et de la transmettre à son gré.

Pierre Barbier exerça sans doute peu de temps puisqu'un acte du 8 avril 1472 le qualifie de « jadis recteur des escoles dudit Ostun [3]. » Après lui, on trouve le nom de Claude Charbonnier qui acquit la maison de l'école, ainsi qu'on l'a vu plus haut.

Au nombre de ses attributions, le recteur des écoles avait celle de renouveler, chaque année, le calendrier du Chapitre ; humble office qui lui donnait le droit de percevoir annuellement, au cellier capitulaire, une prébende de pain et de vin :

1. Orig. Arch. de la ville d'Autun.
2. *Protocoles mss. du notaire d'Aiguemorte.* Arch. de la ville d'Autun.
3. Arch. de la ville d'Autun, F. de la Cathédrale.

Magister scolarum percipit in celario unam prebendam panis et vini pro renovatione tabule anni renovati, si fecerit, et hoc de beneplacito dominorum, et similiter scriptor qui scripserit dictam tabulam. [1]

On n'étendra pas davantage ces recherches sur l'école d'Autun, qui, sous l'influence de la Renaissance, ne tarda pas à devenir un florissant collége.

Parmi les plus anciennes écoles du diocèse, il faut certainement placer celles d'Avallon puisqu'elles remontent au sixième siècle et que, au témoignage de Venantius Fortunatus, saint Germain de Paris et Stratidius, son ami, les avaient fréquentées dans leur jeunesse. En 1304, elles avaient pour chef maitre Pierre; en 1342, Odon de Thil-Chastel. Ces écoles recevaient une subvention des habitants, ainsi qu'il résulte des comptes de la ville pour l'année 1439-1440 :

A maistre Guillaume Froment et maistre Pierre Guérin, maistre en ars et maistre des escoles de ladite ville, auquel lesdits habitans, affin de les retenir et leur faire prendre la charge desdictes escoles, leur ont donné pour leur entrée et commencement . . . . v f. [2]

D'après les comptes de 1451, cette subvention était de dix francs par an. [3]

En 1445, Jean de Chalordeau, maître ès arts, prête serment devant le Chapitre « de bien régir les escoles d'Avallon et d'enseigner les escoliers en science et en bonnes mœurs. » Jean Petitbauld était recteur de ces écoles en 1457. En 1490, Symon Blondelot, de Château-Chinon, maître ès arts, dirigeait ces écoles depuis dix-huit ans [4]. Trente ans auparavant,

---

1. *État des fondations de l'église cathédrale en 1530.* Arch. de la ville d'Autun.
2. *Comptes des recettes et dépenses de la ville.* Bulletin de la Société d'études d'Avallon, t. XIV, p. 60.
3. Id. p. 83.
4. *Enquête touchant le chef de saint Lazare conservé à Avallon.* Bulletin de la Société d'études d'Avallon, t. VII, p. 30.

il y avait au même lieu une école de grammaire, comme nous l'apprend le passage suivant de la déposition d'un témoin entendu dans l'enquête faite en raison de l'appel formé par le Chapitre d'Avallon, dans le procès relatif à la possession du chef de saint Lazare : « Dit et dépose qu'il a faite sa residance audit Avalon sont trente ans passez, par l'espace d'environ XIII ou XIIII ans, à plusieurs fois, alant en l'escole en grammaire [1]. » Guy Canard était recteur en 1495. [2]

En 1272, l'école de Flavigny était dirigée par maitre Martin de Losane [3]. Au reste, les *magister scholarum* existaient en si grand nombre au treizième siècle que les pénitentiaires du temps n'omettent pas de formuler des peines spéciales contre les fautes particulières à cette profession. [4]

Parmi les plus anciennes écoles du diocèse, il faut citer celles d'Arnay-le-Duc, dont le recteur, nommé maitre Jean, *rector scholarum de Arneto*, paraît en qualité de témoin d'un acte du samedi après l'Assomption de l'année 1324, par lequel Hugues, doyen d'Ormancey, reconnait tenir sa charge en fief des religieuses de Saint-Andoche d'Autun. [5]

En 1519, il y avait à Arnay une école connue sous le nom de *la grande école de la ville*, ce qui permet encore de croire à l'existence d'une autre école, d'un rang inférieur à la première. [6]

L'école de Montcenis existait en 1347, ainsi que nous l'apprend un passage des comptes des châtellenies de Glenne, de

1. Enquête ms. Déposition de Jehan Suchon, de Cussy-lès-Farges, notaire public. Arch. de l'évêché d'Autun.

2. V. *Notice sur le collège d'Avallon*, par M. Gally, dans l'*Annuaire de l'Yonne de 1833*. Ce mémoire contient, avec d'intéressants détails, la liste des recteurs de l'école d'Avallon pendant tout le seizième siècle, époque où les développements de l'enseignement classique rendent cette école étrangère à notre sujet.

3. *Cartulaire ms. de l'évêché d'Autun*, fol. x.

4. V. *Pœnitentiale magistri Johannis de Deo*, cap. XIV, *De pœnitentiâ magistri scholarum*, apud Migne, *Patrologia latina*, t. XCIX.

5. Arch. de l'évêché d'Autun, F. de l'abbaye de Saint-Andoche.

6. *Annales de la ville d'Arnay-le-Duc*, par C. Lavirotte, p. 51.

Roussillon et de la Toison, à propos des frais « pour la main du maistre de l'escole de Montcenis », dont le savoir avait sans doute été utilisé pour les écritures de l'administration ducale. [1]

En 1386, le petit bourg de Mont-Saint-Jean avait aussi une école qui était gouvernée par maître Pierre de Ray; cette année-là même, celui-ci s'associa en qualité de sous-maître Jean Sylvestre, de Nourru; par le traité qui fut conclu entre eux, nous voyons que Pierre de Ray s'engageait à procurer à son coadjuteur le logement, la nourriture et un salaire de dix-huit francs d'or par an [2], soit environ 300 fr. d'aujourd'hui.

Maitre Chardin de Lux régissait, en 1408, l'école de Beaune, conjointement avec un sous-maître nommé Girart Labireaul, de Champlitte. Si, dans l'exemple précédent, le sous-maître était un auxiliaire salarié, il intervient au contraire, dans le cas présent, comme un associé destiné à partager toutes les vicissitudes, bonnes et mauvaises, de l'entreprise : ainsi, au lieu de recevoir un traitement fixe, il commence par verser, entre les mains du maitre, une somme de douze francs, représentant sa part dans la propriété de l'établissement, et, en échange, il doit être logé et nourri, partager avec le maitre tous les revenus de l'école et recevoir seul les rétributions en fèves, en poissons et en vin de la Saint-Martin, ainsi qu'une somme de dix sols payée par les écoliers logés dans la maison. Par l'acte auquel ces détails sont empruntés, on voit que « li dit Girart sera tenus de bien, loialment et dehuement monstrer et appranre les dis escolliers, le dit terme durant, de tout son povoir en l'eneur et prouffit dudit maistre. » [3]

En 1524, cette même école de Beaune était placée sous la conduite de Claude Mussard, personnage très dévoué à la science, ainsi que nous l'apprend l'annotation suivante que nous avons relevée sur un exemplaire des *Préceptes* de Paul

1. Arch. de la Côte-d'Or, B 4823.

2. V. *Documents pour servir à l'histoire des institutions et de la vie privée en Bourgogne*, par J. Simonnet, p. 344.

3. Id. p. 348.

Eginète [1], qui appartenait à ce recteur et qui se trouve aujour-
d'hui à la bibliothèque du grand séminaire d'Autun : « Pro
Claudio Mussard, scholarum Belnensium rectore, juvenibus
deditissimo, 1524. »

Quoique sans renseignement précis sur l'enseignement,
assurément variable, qui était donné dans ces écoles des treizième, quatorzième et quinzième siècles, nous savons cependant qu'en outre des premiers principes de l'instruction les
plus jeunes enfants apprenaient encore les psaumes. On en
trouve une preuve dans le contrat, passé le 16 juin 1375, entre
Michel le Curt, recteur de l'école de Saint-Seine, et Jean de
Barbonne, par lequel le premier abandonne au second, qu'il
s'adjoint en qualité de sous-maître, « les poissons et les vio-
lotes dehues en caresme des petits enfans qui apprennent leurs
taublottes et sept psaulmes [2]. » C'est sans doute à cette étude
des psaumes, faite sur les bancs même de l'école, qu'il faut
attribuer ce goût universel que, pendant le moyen âge, toutes
les classes de la société conservèrent pour la récitation presque
journalière du psautier.

En 1488, il y avait à Corbigny une école renommée que
dirigeait maître Vincent Gaingand. C'est dans cette école que
le célèbre jurisconsulte autunois, Barthélemy de Chassenou,
et les frères Jacques et Claude de Montagu se formèrent aux
premiers principes des lettres, ainsi que le premier en a con-
signé le souvenir dans son *Catalogus gloriæ mundi :* « Ego
etiam accepi in dicto oppido prima litterarum principia, circa
annum Domini 1488..., sed tunc eramus juvenes, et etiam
nobiscum aderant collegæ nobiles viri domini Jacobus et
Claudius de Monte Acuto, fratres, sub ferula magistri Vin-
centii Gaingandi qui fuit gymnasiarcha antecessor illius Vetu-
relli quem Textor dicit suo tempore fuisse preceptorem seu
rectorem scholarum dicti oppidi Corbigniaci, vulgo Sancti

1. Pauli Eginete precepta salubria, pet. in-4°.
2. *Documents pour servir à l'histoire des institutions,* etc., par J. Simonnet,
p. 347.

Leonardi nuncupati [1]. » La plupart de ces écoles devinrent par la suite de florissants collèges.

L'école de Châtel-Censoir, dans l'archiprêtré d'Avallon, était régie, en 1487, par Pierre Camusse, clerc; par Marin Milloteau, en 1516; par Claude le Becque, de Vézelay, en 1551; par François Moreau, en 1554; par Jacques de Lancy, en 1557. Le recteur était choisi par les habitants et institué par le doyen du Chapitre. » [2]

Dans le même archiprêtré d'Avallon, nous constatons encore l'existence de trois écoles rurales pendant le seizième siècle : celle de Tharoiseau, qui avait été dévalisée par certains gens d'armes, en 1513; celle du petit village d'Asnières, en 1528, et celle de Magny, gouvernée par Jean Boudrey, en 1543. [3]

Le village de Lucenay-l'Évêque, dans l'archiprêtré d'Autun, situé en plein Morvan, nous présente une série à peu près complète de maîtres d'école pendant toute la durée du seizième siècle. Dès 1511, nous trouvons le nom de Philibert Bailli [4]; après lui, Jehan Sarrette, en 1540; Jehan de Sault, *recteur des escolles*, en 1543, cita en justice Moingine, femme d'Estienne Rabuste, qui avait frappé Jacques, fils de Simon de Faz, son écolier; en 1548, Martin Clément, maître d'école, assigna Jehan Granageot pour le payement de quatre sols, prix de deux mois d'école de son fils, et Claude Magnien qui lui devait trois sols pour le même objet; en 1575, Pierre Mymeurre. Il paraît que l'instruction, donnée à cette époque, avait une certaine étendue, puisque nous voyons qu'un notaire, nommé Jehan Quillot, qui habitait à Allye, dans la paroisse de Sommant, dépose, dans une enquête de 1560, que, pendant sa jeunesse, il avait fréquenté les écoles de Lucenay. [5]

---

1. *Catalogus gloriæ mundi*, XII pars, consid. 95.

2. V. *Histoire de l'instruction primaire avant 1789, dans le département de l'Yonne*, par M. Quantin. Annuaire de l'Yonne de 1875, p. 161.

3. Id. p. 163, 165, 166.

4. *Registres de la justice de Lucenay*. Archives de l'évêché d'Autun. Notes communiquées par M. Dorey, curé d'Antully.

5. Id.

En était-il partout ainsi qu'à Lucenay? Je ne le crois pas. Mais cet exemple, que les recherches et les découvertes de chaque jour peuvent multiplier, montre l'imprudence et souvent l'injustice des négations formulées d'une manière générale et trop absolue, le plus souvent sans preuves à l'appui. Ces différentes constatations permettent même de croire qu'au moyen âge les écoles étaient plus nombreuses qu'on ne le suppose communément. Elles s'accordent entièrement avec le témoignage de Gerson qui, dans son traité latin sur la visite périodique des diocèses, recommande aux évêques de s'enquérir avec soin si chaque paroisse possède une école, si l'enseignement y est suffisant, et de pourvoir à l'établissement des écoles dans toutes les paroisses qui en manquent : « Item, si schola habetur pro juvenibus; item, qualiter instruuntur pueri ; ... provideatur igitur ut sint scholæ ubi non sunt [1]. » On peut, à bon droit, se demander quel eût été l'objet de ces prescriptions si toutes les paroisses eussent absolument manqué d'écoles.

Avant de rapporter les faits qui se rattachent à l'état de l'instruction primaire pendant les dix-septième et dix-huitième siècles, il convient de mentionner encore l'école de Vézelay qui, par son origine, appartient plutôt au siècle précédent. L'entretien de cette école était à la charge de l'hôpital du lieu, ainsi que nous le voyons dans les comptes des années 1607, 1608 et 1609 :

A maistre Pierre Chaudat, recteur des escholles pour l'instruction de la jeunesse dudict Vézelay, suivant le contract passé entre luy et lesdicts sieurs eschevins et administrateurs, le 11e mars cccccc VII, par devant Gaget, notaire, mandement signé au bas BREDEAU et VILLAIN, procureur, du XIe may audict an, la quantité de trente bichets de froment, suivant sa quittance; cy froment. . . . . VI b.

---

1. *Tractatus de visitatione prelatorum et curatorum.* Joan. Gersonii opera. Edit. d'Anvers, t. II, col. 560, in-fol.

A Pierre Chaudat, recteur des eschollicrs de Vézelay, la somme
de quatre livres onze sols pour quelques réparations par luy
faictes en la maison où se tiennent les eschollicrs pour l'instruction de la jeunesse, suivant sa requeste, cy........   4 l. 11 s. [1]

Ces comptes nous apprennent encore que le village de
Saint-Père, situé au bas de la montagne de Vézelay, possédait
aussi un maitre d'école à la même époque :

Item, ledict comptable a paié à Nicolas Boucherat, pauvre
jeune homme instruisant la petite jeunesse audict Saint-Père,
ung bichet froment et ung bichet orge, suivant la requeste présentée par les habitans dudict lieu. [2]

On s'étonnera peut-être de voir un hôpital prélever ainsi,
sur la part des pauvres, la part des ignorants; mais n'était-ce
pas une pensée vraiment chrétienne que celle qui confondait,
dans un même sentiment de charité, les indigents du corps et
les indigents de l'esprit?

Il existe, on l'a vu, entre les préceptes généraux que nous
avons cités, et la preuve diocésaine de leur application, un
lien véritable. Aux canons des conciles, au texte des histo-
riens, des pénitentiaires, des écrivains sacrés, correspondent
des traces locales qu'on a pu suivre pas à pas et de siècles en
siècles, sans interruption. Traces surprises et comme dérobées
aux actes les plus divers et les plus étrangers à la matière :
protocoles des notaires, registres de justice, comptes des châtellenies, etc. Si elles sont fugitives et peu nombreuses, il faut
attribuer leur rareté moins à celle des écoles qu'à l'absence
des documents spéciaux. Qu'on ne l'oublie pas en effet : la
liberté absolue de la profession de recteur d'école, ôtant aux
documents scolaires le caractère officiel et public qui aurait
pu assurer leur conservation, les réduisait à l'état de simples

1. Arch. de l'hôpital de Vézelay, liasse 1.
2. Id. ibid.

titres de famille qui demeuraient associés à toutes les vicissitudes des personnes. Aussitôt que l'Église, sortant des exhortations générales et des coopérations particulières, aura établi
sur les écoles un système régulier de contrôle, et que l'Etat
sera intervenu pour veiller au côté financier de la question,
les documents se produiront bien vite, avec une abondance
moins propre peut-être à exciter l'intérêt qu'à le rassasier et
à l'épuiser.

Pour achever ce qui concerne l'état de l'instruction primaire avant le dix-septième siècle, on ajoutera que pendant
tout le moyen âge, les écoles du diocèse étaient placées sous
l'autorité particulière du grand chantre de l'église cathédrale.
Ce fait a mérité l'attention des canonistes :« Heduorum tamen,
dit l'un d'eux, id matrici ecclesiæ peculiare est, ut ejus cantor
scolas civitatis diocesisque moderetur, ipsasque distribuat
juvenum rectoribus pro arbitratu, id quod Oldradus percen-
suit in foro romano causarum patronus, quo tempore Johannes XXII summum gerebat pontificatum [1], » Le privilége,
appartenant au grand chantre, d'instituer les maîtres et maîtresses d'école, dans tout le diocèse, a été exercé jusqu'à l'arrêt
du Conseil d'État, de 1669, qui a attribué ce droit à l'évêque. [2]

II

Après les troubles religieux du seizième siècle et l'anarchie
de la Ligue, il régnait un désir universel d'ordre et de règle,
et ce sera l'honneur durable de Henri IV, de Richelieu et de
Louis XIV d'avoir compris ce besoin et de l'avoir satisfait.

Quoique l'instruction primaire fût loin d'être une chose

---

1. Renat. Chopin, *De Sacr. Polit.* lib. I, tit. III, n° 15.
2. Dans le diocèse de Paris, le droit d'instituer les maîtres d'école appartenait également au grand chantre.

nouvelle, ainsi qu'on a pu le voir par les faits que nous avons rapportés, elle n'était nullement organisée ; c'est-à-dire qu'elle manquait de règle, de surveillance et de soutien, et qu'on dehors de la voix, déjà lointaine, des conciles, nulle autorité n'était encore venue ranimer le zèle un peu engourdi des populations. Il appartenait à l'esprit organisateur du dix-septième siècle de s'approprier ces tentatives isolées, de les multiplier par l'effet d'une même pensée et de leur imprimer ce caractère régulier qu'il sut donner à toutes les institutions.

A cette époque de restauration, l'ancien diocèse d'Autun fut assez heureux pour rencontrer dans son chef un homme qui avait fait de toutes les œuvres utiles la noble tâche de son épiscopat. Esprit élevé, fécond en ressources, également propre à concevoir les meilleures choses et à les exécuter par les voies les plus parfaites, Gabriel de Roquette se présente à nous comme le type achevé de ces évêques qui ne voyaient dans la possession d'un grand pouvoir que l'obligation d'ac-complir un plus grand bien. Gardien sévère de la discipline qu'il imposait d'autant plus facilement aux autres qu'il la pra-tiquait plus exactement lui-même, réformateur des mœurs, fondateur du séminaire et de l'hôpital d'Autun, il a laissé dans son vaste diocèse des preuves encore sensibles de son zèle et de sa charité.

L'importance des écoles préoccupa M. de Roquette dès 1669, deux années à peine après qu'il eut pris possession de son siége, et nous trouvons la trace de sa sollicitude dans les pre-miers règlements qu'il fit pour le diocèse. « C'est un ordre du Saint-Esprit, prononcé par la parole du Sage, dit-il, de former les enfans dès leur bas âge : car, comme dit l'Écriture sainte, pourroient-ils trouver dans leur vieillesse ce qu'ils n'ont pas amassé dans leur jeunesse ? Pour satisfaire à une telle obligation, NOUS ORDONNONS que les curés et prestres tiendront de petites escoles, ou choisiront avec les habitans de la paroisse une personne de probité, capable d'enseigner ces jeunes enfans ; et l'acte de leur choix, les attestations de probité et

leur capacité ayant esté reconnus par Nous ou par Nos grands
vicaires, il leur sera donné permission de tenir ces escoles. Et
parce que le meslange des filles avec les garçons a toujours
esté fort préjudiciable, et que Nous en avons mesme appris
des accidens funestes, Nous ordonnons qu'il y ait dans chaque
paroisse deux escoles, l'une pour les garçons, et l'autre pour
les filles ; celle des garçons tenue par un homme, et celle des
filles par une femme ou une fille de piété ; faisans déffence
aux maistres d'escole d'admettre des filles en leur classe,
encore qu'ils ayent des lieux séparés des garçons pour les
mettre, et aux maistresses d'escole d'admettre aussy en leur
classe des garçons, sur peine d'excommunication. Et parce
que ces petites escoles ne doivent pas seulement servir pour
apprendre à lire et à escrire aux enfans, mais pour les former à la piété, Nous deffendons de leur donner aucun livre
françois qui ne soit utile à cet effet, interdisant l'usage des
livres de mauvaises histoires, des romans et autres livres
semblables et préjudiciables au salut : à quoy les curés pren-
dront garde. Tous les dimanches et festes, les maistres d'un
côté, et les maistresses de l'autre, assembleront leurs escoliers
à l'Église, se mettront proche d'eux pour les tenir en leur
devoir pendant la grand'messe, les vespres et le catéchisme.
Un jour de la semaine, ils leur feront le catéchisme, et avant
et après les classes ils les feront prier Dieu. » [1]

Ces prescriptions ne sont que l'ébauche ou l'avant-projet du
règlement que M. de Roquette fit un peu plus tard, et qu'il
plaça dans le *Recueil des Ordonnances synodales du diocèse
d'Autun* publié en 1685. Beaucoup plus étendu et plus complet que le premier, ce règlement est divisé en deux parties :
l'une « qui regarde la conduite des maîtres à l'égard d'eux-
mêmes, » et l'autre « le devoir des maistres d'école envers les
escoliers. » Il convient d'en rapporter avec quelque détail les

---

1. Extrait des règlements mss. pour le diocèse. Titre *des petites escoles.*
Arch. de l'évêché d'Autun.

principales dispositions ; elles feront connaître ce que devait être l'instruction primaire telle qu'on l'entendait et qu'on la pratiquait au dix-septième siècle.

Le premier article détermine les conditions que doivent remplir les maîtres d'école pour exercer leur ministère : ils doivent présenter à l'évêque ou à ses grands vicaires un certificat de bonnes vie et mœurs, leur acte de baptême, et, s'ils sont mariés, leur contrat de mariage ; il leur est en outre imposé de subir un examen, et, s'ils sont reconnus capables d'enseigner, ils sont admis à prêter « serment de s'acquitter fidèlement de leur devoir et d'observer ce qui est porté par les règlemens. » Par la suite, pour éviter aux maîtres d'école les difficultés et les dépenses d'un voyage à Autun, les archiprêtres reçurent le pouvoir de les examiner et de les autoriser. Durant ses visites périodiques, l'archidiacre renouvelait au besoin cet examen ; il s'enquérait avec soin de tout ce qui touchait à la situation morale et matérielle des maîtres d'école et y pourvoyait de son mieux, au moyen des renseignements pris auprès des maîtres eux-mêmes, du curé de la paroisse et des habitants présents à la visite.

L'article deux interdit aux maîtres de recevoir les filles dans leur école, et aux maîtresses d'y admettre les garçons. Malgré son importance et les recommandations toutes spéciales dont il était l'objet, cet article ne reçut jamais qu'une exécution très incomplète. Il n'était pas assez facile de se procurer des maîtres et des maîtresses d'école, pour qu'on pût y tenir la main avec beaucoup de rigueur ; dans la grande majorité des cas, le maître enseignait à la fois les garçons et les filles, sans qu'on ait trouvé le moyen d'y remédier.

Le suivant prescrit que les maîtres « ne solliciteront en aucune manière les enfans d'une autre école pour venir en la leur, et ne recevront ceux qui s'y présenteront (s'ils ont déjà été ailleurs) qu'après s'être informés s'ils ont satisfait à leurs maîtres et maîtresses. »

L'article cinq fixe ainsi le salaire du maître : les écoliers qui apprennent seulement à lire doivent payer cinq sols par mois ; ceux qui apprennent à lire et à écrire, dix sols ; ceux qui apprennent en outre l'arithmétique et le latin, quinze sols ; « ce qui, ajoute le règlement, se doit entendre pour les villes, car dans les villages on aura égard à la coutume et à la pauvreté des lieux. » En effet, les habitants des paroisses n'avaient pas seulement la liberté de choisir le maitre qui convenait à la communauté, ainsi qu'on disait alors ; ils avaient aussi celle de s'entendre avec lui pour son salaire, soit en adoptant les dispositions du règlement que nous venons de citer, soit en y consacrant une partie des revenus de la fabrique ; au moyen d'une prestation en nature, seigle et froment, ou d'un impôt mis sur les habitants et fixé par eux. C'est ainsi que, tout en indiquant un moyen facile de rétribuer le maitre d'école, le règlement laissait entière latitude d'en user autrement et d'avoir « égard à la coutume et à la pauvreté des lieux. »

L'article six recommande aux maitres d'école la modestie dans leurs habits et dans leur maintien extérieur ; la retenue dans leurs discours ; l'éloignement des cabarets et des jeux de hasard, et la fuite des mauvaises compagnies. Il leur prescrit ensuite de faire chaque jour des lectures dans quelques-uns de ces vieux livres qui n'ont pas mérité l'oubli dans lequel ils sont tombés, et qu'on aimerait à retrouver aujourd'hui dans nos écoles de campagne, tels que le *Pédagogue chrétien* [1], le *Pédagogue des familles*, le *Bon Laboureur*, *l'École paroissiale* [2], etc.

La seconde partie de ce règlement, nous l'avons dit plus haut, rappelle les devoirs des maitres à l'égard des écoliers. L'article premier leur recommande « de recevoir les pauvres

1. *Le Pédagogue chrestien,* par Phil. d'Outreman; Paris, 1665, in-4°. On trouve aussi *le Vray Pédagogue chrestien*, par le même; Lyon, François Labottière, 1662, in-4°.

2. *L'Escole paroissiale ou la manière de bien instruire les enfants dans les petites escoles,* par un prestre d'une paroisse de Paris; Paris, 1654, in-8°.

avec la même *affection* que les riches et d'avoir également soin de leur instruction » ; forme touchante de langage et qui est bien à sa place dans un règlement qui a les enfants pour objet.

Le suivant impose aux maîtres·l'exactitude à commencer et à finir l'école à heure fixe, et il détermine ainsi le temps qui doit être employé à l'étude : « sçavoir depuis Pâques jusqu'à la Toussaints, le matin à sept heures et demy jusqu'à dix et demy ; depuis la Toussaints jusqu'à Pâques, à huit heures jusqu'à dix et demy. Le soir, en tout temps, depuis une heure et demy jusqu'à quatre. »

Le troisième proscrit de commencer et de terminer l'école par la prière, à genoux, en commun.

Le quatrième est relatif au catéchisme que le maître doit faire à ses élèves le mercredi et le samedi de chaque semaine, leur apprenant la manière de prier Dieu, les mystères de la religion, les commandements de Dieu et de l'Église, et les sacrements.

Le sixième leur rappelle de « tenir la main à ce que les écoliers soient modestes à l'école, qu'ils y étudient leurs leçons, et de tâcher surtout de leur inspirer la crainte de Dieu et l'*honneur* qu'ils doivent à leurs parents. »

Le septième leur recommande « de faire réciter les leçons aux enfants sans les presser, les faisant toujours commencer par le signe de la croix ; et si, en lisant, ils commettent quelques fautes, de les reprendre avec douceur, sans leur dire d'injures, les frapper ou pousser trop rudement. »

Le huitième a pour objet le sentiment d'impartialité qui doit guider les maîtres à l'égard des enfants : « Ils ne feront paroître aucune inclination ou aversion pour aucun de leurs écoliers, mais ils auront un soin égal pour l'éducation et l'avancement de tous. »

Parmi les articles suivants, nous distinguerons encore le onzième et le douzième : l'un, qui recommandait aux maîtres d'inspirer à leurs élèves « l'aversion pour les jeux défendus, les cabarets, les danses, les comédies, l'immodestie dans les habits, les conversations trop familières tant avec les filles qu'avec les garçons déréglés ; leur défendant soigneusement de proférer aucune parole ny chanter chansons deshonnestes. » Le dernier rappelait aux maitres que leur ministère n'expirait pas sur le seuil de l'école, mais qu'il était « aussi de leur obligation de s'informer de la conduite des enfants hors de l'école, et, s'ils apprenoient qu'ils soient sujets à quelque vice, de les en corriger. » [1]

Telles sont en abrégé les principales dispositions du règlement que M. de Roquette composa pour les petites écoles de son diocèse. Il en ressort avec évidence que ces modestes écoles ne se proposaient pas seulement le but étroit de donner aux enfants une instruction plus ou moins bornée. L'éducation, telle qu'on l'entendait au dix-septième siècle, c'est-à-dire l'éducation chrétienne, y était placée au premier rang : préoccupation assurément bien naturelle et bien légitime, puisque l'esprit chrétien était alors l'esprit public.

Ce règlement ne cessa pas d'être en vigueur jusqu'à la Révolution. Il fut réimprimé plusieurs fois, et en dernier lieu sous l'épiscopat de M. de Marbœuf [1767-1788].

Peu de temps après la mise en pratique du nouveau règlement, la révocation de l'édit de Nantes vint fournir à M. de Roquette l'occasion de faire preuve à la fois de tact et d'une rare habileté. Nous ne rechercherons pas ici quelle dut être son opinion sur une de ces déplorables erreurs qui forment comme l'inévitable passif de tous les gouvernements absolus : on ne peut guère supposer qu'il ait fait exception à l'aveuglement général et que son esprit se soit élevé au dessus des passions communes à presque tous ses contemporains. Mais

1. *Ordonnances synodales de Monseigneur l'évêque d'Autun*, p. 142. Autun Chervau, 1705, in-12. Ce règlement fut aussi imprimé en forme de placard pour être affiché dans les écoles, à Autun *chés la veuve Lamothe-Tort qu'imprime et vend les livres pour l'instruction des Escoles, près le Puits du Champ* sans date.

quand, par la déclaration du mois d'octobre 1689, le pouvoir royal consulta les évêques sur l'usage qu'il convenait de faire des biens consistoriaux situés dans l'étendue de leurs diocèses, M. de Roquette n'hésita pas à leur attribuer la destination la plus honnête et la plus réparatrice, si tant est que la spoliation puisse jamais trouver une excuse dans l'emploi qui lui est assigné : il demanda que les biens du consistoire de Couches, montant à la somme de 230 livres de rente, fussent appliqués à l'entretien du maître d'école du lieu [1]. N'était-ce pas là en effet la meilleure réparation possible, et la tolérance pouvait-elle trouver un précurseur plus efficace et plus certain que l'instruction ? Le vœu de M. de Roquette fut écouté. Le maître d'école de Couches obtint les revenus du consistoire et la maison du ministre, ainsi que nous l'apprend un *État de la paroisse de Couches en* 1699 :

Il y a la maison du ministre qui est très ruinée, où demeure le recteur d'école, qui a consté 1600 livres. Il faut plus de 600 livres pour la réparer. [2]

Après avoir pourvu à la discipline des écoles, M. de Roquette songea aux moyens les plus propres à assurer le maintien de son œuvre. Il y pourvut par l'adoption des deux mesures suivantes. La première fut de solliciter et d'obtenir un arrêt du Conseil royal qui soumettait les maîtres d'école de son diocèse à sa juridiction et à celle de ses successeurs. Voici le texte de cet arrêt qui porte la date du 12 mars 1669 :

Sur ce qui a été représenté au Roi étant en son conseil, que l'instruction des enfans a toujours été jugée si importante que de

---

1. Archives de l'évêché d'Autun, *Réformés*, liasse 3°. Il en fut de même dans les diocèses d'Amiens et d'Agen. V. *Correspondance des contrôleurs généraux*, publiée par M. de Boislisle, t. 1, n°ˢ 929 et 1420.

2. Id. Suit l'énumération des titres de rente du consistoire, qui furent attribués à la dotation de l'école.

tout temps les loix civiles aussi bien que les ecclésiastiques l'ont particulièrement commise aux soins des évêques, en sorte qu'il n'est permis à qui que ce soit de s'y ingérer, ni de tenir des écoles, qu'il n'ait obtenu la permission et l'approbation de l'évêque diocésain. Ce néanmoins, au préjudice d'un droit si établi, plusieurs régens ou régentes s'immiscent à enseigner la jeunesse dans les villes et paroisses du diocèse d'Autun, sans avoir auparavant été approuvés de l'évêque d'Autun, et sans observer aucuns règlemens que ceux que leur suggère leur fantaisie pour la direction de leurs écoles, d'où il arrive beaucoup d'inconvéniens, s'en trouvant parmi eux qui sont de mauvaises mœurs, très ignorans et même de foi suspecte, et qui recevant des filles parmi les garçons y causent des désordres très considérables, ce que ledit sieur évêque d'Autun a reconnu dans le cours de ses visites. Et étant très important d'y remedier, SA MAJESTÉ ÉTANT EN SON CONSEIL, a ordonné et ordonne que ceux qui voudront tenir des petites écoles pour l'instruction de la jeunesse de l'un et de l'autre sexe dans l'étendue du diocèse d'Autun, seront tenus de prendre la permission et l'approbation expresse par écrit dudit sieur évêque d'Autun, et d'observer exactement les règlemens qu'il leur donnera pour cet effet, sans qu'aucuns autres que ceux qui auront ladite permission le puissent entreprendre, en quelque manière et sous quelque prétexte que ce soit. Et a S. M. fait et fait inhibitions et défences aux officiers de justice du ressort des parlemens de Paris et de Dijon, de troubler ceux qui auront ladite approbation, en la direction des petites écoles, et aux cours desdits parlemens de Paris et de Dijon, de prendre connoissance des ordonnances dudit sieur évêque d'Autun, sur le fait desdites petites écoles, si ce n'est par les voies de droit, à peine de nullité. Et sera le présent arrêt publié ès bailliages et sénéchaussées situés dans ledit diocèse, audience tenant, et régistré ès régistres d'icelles, à la diligence des procureurs de S. M. pour être exécuté selon sa forme et teneur. FAIT au Conseil d'état du Roi, S. M. étant, tenu à Paris le douzième mars mil six cent soixante neuf. Signé : LE TELLIER. [1]

1. Mémoires du Clergé de France, t. I, p. 998.

L'observation de cet arrêt est l'objet d'un article spécial de l'ordonnance synodale de 1686 :

« Pour obvier aux entreprises téméraires de certains laïques qui s'érigent en maîtres d'école sans aucune institution, nous défendons à toutes personnes de faire la fonction de maître ou maîtresse d'école, s'ils ne sont approuvés de nous conformément aux déclarations des rois et arrêts du conseil, et singulièrement à celui qui a été donné en faveur de ce diocèse en date du 12 mars 1669. »

Cette mesure de surveillance et de direction serait probablement restée stérile, si M. de Roquette n'en eût pris une seconde destinée à assurer l'exécution de la première. Ce fut de confier une partie de son autorité à ses coopérateurs naturels, aux archiprêtres qui, par leur situation et par la nature même de leurs fonctions, pouvaient mieux que personne seconder les intentions de leur évêque. Il importait en effet de ne point abandonner au hasard une institution naissante et qui avait un égal besoin de contrôle et de soutien. Cette sollicitude se fait jour dans l'*Instruction pour les archiprêtres du diocèse d'Autun* [1], dont nous citerons le passage suivant :

Ils s'informeront en ce qui regarde les maîtres d'école : 1° S'ils se sont établis, dans les lieux où ils sont, sans l'institution de monseigneur l'Évêque, ou de quelqu'un commis de sa part ; 2° Combien il y a qu'ils sont établis dans un endroit ; 3° S'ils sont mariés ou non ; 4° S'ils sçavent lire, écrire et chanter ; 5° S'ils sont bien instruits dans les principaux points de la doctrine chrestienne, qu'ils doivent enseigner aux enfans ; 6° S'ils sont de bonnes mœurs et non scandaleux ; 7° S'ils n'enseignent pas des Garçons et des Filles ensemble ; s'ils sont appliqués à leur devoir, et s'ils ont soin de faire profiter les Enfans qui sont chés eux, et de les élever dans la crainte de Dieu.

1. Imprimée, sans date, à *Autun, chez la veuve de Bernard Lamothe-Tort, imprimeur de Monseigneur l'Évêque.* In-4° de seize pages aux armes de M. de Roquette sur le titre.

Ainsi qu'on l'a vu par les documents cités plus haut, les maîtres d'école ne pouvaient exercer leur ministère avant d'avoir obtenu la licence de l'évêque ou de ses délégués. Ils devaient venir chercher cette autorisation à l'évêché, où elle ne leur était conférée qu'après un examen favorable. Si la pauvreté ne permettait pas aux maîtres d'école d'entreprendre le voyage d'Autun, les archidiacres et les archiprêtres avaient la faculté de délivrer l'institution durant le cours de leurs visites périodiques. Parmi les droits attribués aux archiprêtres par l'*Instruction* que nous venons de rapporter, figure précisément celui « de donner l'institution aux maîtres d'Ecole· destinés à enseigner la jeunesse dans les Paroisses de leur Archiprêtré. » L'ordonnance synodale de 1739 reproduit la substance de cette disposition : « Les archiprêtres s'informeront s'il y a des maîtres d'école dans leur district qui n'ont point d'institution pour en donner avis. » [1]

Enfin, à la veille même de la Révolution, bien peu d'années avant que l'instruction primaire passât dans la main plus ferme et plus active de l'État, il était encore recommandé aux prêtres des paroisses, dans les *Avis donnés par messieurs les vicaires généraux au synode tenu à Autun le 29 avril 1784*, « d'insister pour que les maîtres d'école vinssent se faire examiner à Autun par les délégués de l'Évêque, ou au moins par le doyen de chaque archiprêtré. »

L'institution accordée aux maîtres d'école était conçue dans les termes suivants :

N. etc. évêque d'Autun, etc. Sur les bons témoignages qui nous ont été rendus et la connaissance que nous avons prise par nous même de la religion, catholicité, bonne vie, mœurs et capacité de N., nous l'avons établi et institué, établissons et instituons maître d'École dans la paroisse de N., à la charge de se

1. *Ordonnances synodales de Messeigneurs les Illustr. et Reverend. Évêques d'Autun*, p. 193. Autun, Vivant-François Chervau, 1750, in-12.

conformer et d'observer les règlements et ordonnances du diocèse, qui le concernent en cette qualité. Donné à..... le.....

Au brevet était joint le texte du règlement établi par M. de Roquette et dont nous avons rapporté les principales dispositions. Au défaut de tout autre pouvoir qui s'intéressât à l'œuvre de l'instruction primaire, l'intervention non interrompue de l'autorité spirituelle constituait ainsi la plus précieuse des garanties.

La nécessité de l'instruction n'était pas moins comprise par le clergé local que par les chefs du diocèse. Mieux que personne, les prêtres des paroisses savaient, par une expérience de chaque jour, quels obstacles l'ignorance opposait à l'exercice de leur ministère. Aussi, loin d'entraver l'exécution des ordonnances synodales par la résistance ou par l'inertie, ils pressaient au contraire leur évêque d'employer tout son crédit et toute son autorité pour rendre les écoles plus nombreuses et plus stables. Nous en trouvons une preuve excessivement remarquable dans le mémoire suivant qui fut adressé, en 1769, à M. de Marbeuf, évêque d'Autun, par les curés de l'archiprêtré de Vézelay :

Il n'est pas possible de former de vrais adorateurs de Dieu, de fidèles sujets du Roy, de bons citoyens, sans le secours de l'instruction, ny pour l'*ordinaire* (le curé) d'instruire solidement et suffisamment les grossiers habitans de la campagne qui ne sçavent pas lire. Un curé a beau multiplier les catéchismes, les prônes, les lectures : ou ses paroissiens n'y assistent pas ; ou s'ils y assistent, ils n'écoutent pas ; ou s'ils écoutent, ils ne comprennent pas ; ou s'ils comprennent, ils ne retiennent presque rien de ce qu'on leur a dit : et la paroisse la mieux preschée, s'il n'y a point d'école publique, ne sera pas toujours la plus éclairée et la mieux réglée. La raison en est sensible. C'est que l'instruction la plus solide, la plus proportionnée à l'esprit des auditeurs, la plus attentivement reçue ne fait qu'une impression d'un moment et ne frappe qu'en passant et comme

un éclair. Elle est oubliée dès.qu'elle est prononcée, surtout par
des gens qui ne sçavent pas réfléchir, qui ne se conduisent que
par les sens et qui sont continuellement distraits, occupés, acca‑
blés par les sens et par les embarras de la vie animale : et les
pasteurs ont la douleur de voir que les jeunes gens qui ne
sçavent pas lire oublient bientôt après leur première communion
jusqu'aux premiers élémens de la religion qu'ils avoient appris
dans leur enfance. D'ailleurs, quelle honte et quelle indécence
pour cette sainte religion, de ne pas trouver dans un village un
clerc pour servir à l'auguste sacrifice, assister à l'administration
des sacrements, chanter l'office, aider à acquitter les fondations,
accompagner le saint viatique lorsqu'on le porte aux malades
dans des hameaux souvent très éloignés !

Les prétextes qu'on aporte pour éluder un établissement si
convenable et si nécessaire, sont trop frivoles pour mériter qu'on
s'arreste à les réfuter. On se contentera d'opposer à l'indifférence
des catholiques le zèle des hérétiques et même des payens pour
l'éducation des enfants. On trouve des écoles publiques dans tous
les pays protestants : tous les jeunes gens, ou peu s'en faut,
sçavent lire et sont tellement instruits que beaucoup d'entre eux
sont en état de disputer et de deffendre les faux dogmes et les
erreurs dont ils sont imbus. Les payens ont connu la nécessité
des écoles publiques : tant de gymnases établis chez les Égyp‑
tiens, les Grecs, les Romains, en sont la preuve. Et pourquoy ne
pourroit-on pas faire en France ce qu'on fait bien partout
ailleurs ? Cent livres de fixe, avec les mois des enfants, suffiroient
pour nourir à la campagne un maître d'école, et il n'y auroit
point de paroisse, si petite et si pauvre, qui ne pût fournir ces
modiques apointements, et les avantages spirituels et même
temporels qu'on en retireroit dédomageroient au centuple de ce
qu'il pourroit en coûter.

A quoy l'ignorance peut-elle être bonne ? N'est-elle pas une
source intarissable de crimes et de désordres, d'autant plus
funestes, que ceux qui s'en rendent coupables n'en conçoivent
aucune horreur, ne se les reprochent pas et ne s'en corrigent
jamais, parce qu'ils ne les connoissent pas ou n'en ont. qu'un
très foible sentiment ? On ne peut donc assés se hâter d'extirper
cette pépinière de maux, et, loin d'en rejetter le remède, il faut

se réjouir de l'avoir trouvé et se le procurer à quelque prix que ce soit.

Le talent de la lecture et de l'écriture procureroit même beaucoup. d'avantages temporels, tant par rapport aux différends emplois de sindic, collecteur, tuteur, procureur fabricien, etc., dans lesquels passent alternativement les habitans de la campagne et qu'ils ne peuvent bien remplir sans un secours étranger et qui leur est dispendieux dès qu'ils ne sçavent pas lire ny écrire, que par rapport à leurs affaires domestiques et personnelles qu'ils ne conduisent ny si facilement ny si heureusement.

Nous nous arrestons trop sans doute à la démonstration d'une vérité si claire, mais c'est que nous en comprenons l'utilité et la nécessité, et qu'en même temps nous sentons la difficulté de la faire adopter par quelques-uns de nos Seigneurs les Intendants qui refusent d'homologuer les actes des paroisses pour les apointements des maitres d'école, ce qui est cause que la plus part des paroisses en manquent.

Hélas ! Monseigneur, si quelque maladie épidémique se faisoit sentir parmi le peuple, le gouvernement avec raison prendroit toutes sortes de mesures, soit pour faire cesser le mal, soit pour empescher qu'il ne se communiquât. L'ignorance est une playe de l'âme aussi bien que la concupiscence. C'est une maladie épidémique et universelle puisque nous l'apportons en naissant. Elle fait partout des ravages effroyables : il n'y a donc point de moyens qu'on ne doive employer pour détruire un si grand mal et en arrester les suites. Toutes ces différentes considérations nous font espérer, Monseigneur, que vous ne jugerez pas cet objet indigne de votre sollicitude épiscopale ; que la première assemblée du clergé voudra bien, à votre recommandation, s'en occuper, l'insérer dans ses remontrances au Roy, et le supplier de donner ses ordres à ses Intendants pour l'établissement fixe d'un maitre d'école en chaque paroisse, auquel ils assigneront des émoluments convenables, soit sur les revenus patrimoniaux, s'il y en a, soit par imposition sur chaque habitant taillable, lesquels émoluments seront prélevés par les collecteurs et payés par quartier.

Quelles obligations n'aurons-nous pas à Votre Grandeur pour

un établissement si glorieux à Dieu, si utile à nos paroissiens et d'un si grand secours pour nous-même ! «

En dehors de ces règlements, si bien appropriés au temps et aux circonstances, de ces exhortations pressantes, de ces sortes de mises en demeure, tant de fois répétées, l'Église prit une part encore plus active et plus personnelle à l'instruction primaire par l'établissement des congrégations spécialement destinées à l'enseignement. C'est à quoi s'employa particulièrement et avec la plus louable sollicitude l'un des prédécesseurs de M. de Roquette, Claude de la Magdelaine de Ragny, qui semble avoir fait de l'éducation des filles pauvres son œuvre de prédilection. Ses bonnes intentions avaient rencontré un auxiliaire puissant dans l'institut des religieuses Ursulines, qui, pendant son épiscopat, fondèrent, dans l'espace de trente ans, quatorze établissements dans l'ancien diocèse d'Autun, de 1617 à 1648 : à Autun, en 1617; à Saulieu, en 1614 ; à Arnay-le-Duc, en 1628; à Avallon et à Corbigny, en 1629 ; à Semur-en-Auxois, en 1631 ; à Beaune et à Flavigny, en 1632 ; à Vitteaux et à Bourbon-Lancy, en 1633; à Nuits, en 1634 ; à Marcigny, en 1643 ; à Paray-le-Monial, en 1644 ; à Vézelay, en 1648.

Conformément aux règles de leur institut, les Ursulines distribuaient un enseignement absolument gratuit, ainsi qu'il résulte d'une enquête, faite au xviiie siècle, sur l'état des communautés religieuses du diocèse, et dont nous avons les procès-verbaux sous les yeux :

Ursulines de Paray. — Interrogées si elles retirent quelque chose des filles du dehors qui viennent à leur école : répondent que non, et qu'il leur est défendu par leur règle de prendre aucun présent.

Ursulines de Nuits. — Interrogées si elles tirent quelque

1. *Mémoire présenté par messieurs les curés de l'archiprêtré de Vézelay sur différents points de discipline.* Arch. de l'évêché d'Autun.

profit des petites filles qui viennent à l'école chez elles, et combien cela peut valoir par an : répondent qu'elles ne prennent rien du tout, parce que leur institut le défend, pas même des présents. [1]

Il en était de même dans toutes les autres communautés du diocèse. S'il leur était défendu de recevoir, il ne leur était pas interdit de donner. C'est ainsi que les Ursulines d'Arnay-le-Duc, interprètes encore plus larges des conseils évangéliques et des constitutions de leur ordre, n'hésitaient pas à distribuer des secours aux élèves les plus pauvres, afin de stimuler leur assiduité et de les encourager à fréquenter exactement l'école : « Interrogées si elles tirent quelque profit des petites filles qui viennent à l'école chez elles, et combien cela peut leur valoir par an : ont répondu que par leur institut il leur est défendu de rien prendre pour l'instruction, pas même des présents, et que le plus souvent elles leur font encore l'aumône pour les attirer à leur instruction [2]. » Récompenser plutôt que contraindre, voilà certainement un moyen de rendre l'instruction obligatoire tel que la charité chrétienne seule pouvait le concevoir et le pratiquer !

C'est au milieu de ce mouvement en faveur de l'instruction populaire que le B. de la Salle établit, avec une opportunité dont l'Eglise a le secret, l'institut des frères des Ecoles chrétiennes. Le nouvel institut procédait de cette pensée que l'enseignement est moins une carrière ou un instrument de fortune que l'expression la plus élevée de l'esprit de dévouement et de sacrifice, et, en proposant à la vénération publique le fondateur de cette admirable congrégation, l'Eglise a prouvé qu'elle honorait ceux qui donnent leur cœur à l'égal de ceux qui donnent leur sang.

1. *Enquête ms. sur l'état des communautés de femmes.* Arch. de l'évêché d'Autun.
2. Id. ibid.

Accueilli partout avec la plus grande faveur, l'institut des frères des Ecoles chrétiennes put, presque dès son origine, avec le concours d'un charitable prêtre, M. Aubery, ouvrir une première école sur un point extrême de l'ancien diocèse d'Autun, à Moulins-sur-Allier. A cette occasion, nous sommes heureux de rapporter ici une relation contemporaine de cette fondation ; on ne lira pas sans émotion cet admirable témoignage de la sollicitude que l'Eglise eut, à toutes les époques, pour l'instruction du peuple :

MÉMOIRE SUR LES ÉCOLES CHARITABLES DE MOULINS

M. Aubery, prêtre, en est le fondateur [1682]. Il est mort dans un âge fort avancé, sans avoir voulu se charger de bénéfice. Il a passé presque toute sa vie à Moulins, s'appliquant aux exercices de son ministère avec un zèle infatigable. M. de Savignac, curé d'Izeure, l'a eu en sa compagnie jusqu'à sa mort. C'est à lui que les filles de la Croix doivent leur établissement : c'est par ses soins que l'hôpital des bains de Bourbon-Lancy, desservi par les mêmes filles, est sur le pied qu'on le voit aujourd'hui. Il avoit établi un refuge à Moulins, qui ne subsiste plus. Enfin, il donnoit dans toutes les bonnes œuvres. Il commença d'abord à tenir lui-même une école dans une salle basse du logement de M. de Savignac, et dès qu'il se vit en état de paier la pension d'un maître, il demanda un frère de l'institut de M. de la Salle, pour tenir une seconde école. Il continua ainsi quelques années avec ce frère à faire les écoles, après quoi il en demanda un second.

Il acheta l'emplacement où sont les écoles, qu'il fit bâtir depuis le fondement, comme on les voit, travaillant lui-même avec les deux frères, comme des manœuvres, dans les intervalles que les écoles et leurs autres exercices leur laissoient libres : il y emploia des fonds de rentes qu'il avoit sur les États de Bourgogne, dont M. l'abbé Languet, pour lors grand vicaire à Moulins, aujourd'hui archevêque de Sens, lui procura le remboursement.

Alors M. Aubery prit les moiens convenables pour rendre stable son établissement : il commença par faire des réglemens pour la manière dont se devoient tenir les écoles ; il y régla la conduite des maîtres et des écoliers. Il établit un bureau pour la direction des écoles, pour la perception des revenus et leur emploi. Messieurs les deux curés de Moulins sont les deux premiers directeurs nés. M. Aubery en a été le recteur jusqu'à sa mort, et a été remplacé par M. de la Banche, prêtre, à présent promoteur, M. de Villaines, trésorier de France et conseiller au Présidial, et M. Charbin, avocat, décédés et remplacés par MM. Maquin, conseiller, et Reulhard, avocat, qui sont actuellement directeurs. Ces réglemens furent présentés à M. Languet, qui, les aiant examinés, les approuva, et dans la suite ils furent confirmés par monseigneur d'Hallencourt.

M. Aubery profita d'un voyage que dom d'Hargenvilliers, abbé de Septfons, fit à Paris, pour solliciter des lettres patentes, qui furent expédiées après bien des sollicitations. Les réglemens, approbation et confirmation sont attachées sous le contre-scel. Elles furent enregistrées au Parlement malgré les oppositions des maire et eschevins, des directeurs des hopitaux, même du curé de la ville, qui sembloient s'être tous soulevés de concert contre cet établissement. Ils furent trouvés si mal fondés dans leurs oppositions, qu'ils furent condamnés aux dépens. Après toutes ces précautions, M. Aubery fit donnation de sa maison et de quelques rentes aux écoles, et quelque tems avant sa mort, il fit une autre donnation de tout ce qui lui restoit, sans même excepter ses livres.

Il y a eu plusieurs années trois frères, à qui le Bureau paioit 550ll de pension ; il en mourut un il y a plusieurs années, et depuis ce tems ils ne sont plus que deux, qui ont ordinairement chacun 140 écoliers dans leur école. Elles se font gratuitement : un point des réglemens est de ne rien recevoir des enfans ni de leurs parens. Ils s'y conforment si exactement, qu'ils se feroient scrupule de recevoir une poignée d'herbes pour mettre au pot, et ils sont obligés de tout acheter.

Ils n'ont cependant pour touts les deux que 400ll de pension, sur quoi ils payent pour leurs habits au procureur de l'institut 30ll par an ; il faut qu'ils s'entretiennent de souliers, de linge, de bois, de charbon et des ustensiles de leur petit ménage ; ils sont chargés de fournir les livres pour les deux écoles, d'entretenir les vitres, etc. Tout cela pris sur les quatre cens livres, il ne leur reste pas de quoi subsister, surtout depuis quelques années que les denrées ont été très chères, quoique la vie qu'ils mènent soit des plus frugales, pour ne pas dire des plus dures.

Il y a actuellement autour de 800ᵘ de revenu aux écoles, malgré les retranchemens qui ont été les suites du Système [1]. Mʳˢ du bureau ont de bonnes intentions; ils épargnent, disent-ils, pour faire des fonds suffisans pour augmenter le nombre des frères. Mais est-il juste pour cela de réduire ceux qui sont actuellement dans l'exercice à n'avoir pas le plus médiocre et nécessaire ? [2]

La charité de M. Aubery ne s'était pas bornée à assurer l'instruction des garçons au moyen des Frères de l'institut de M. de la Salle ; il avait aussi pourvu à celle des filles, en établissant à Moulins la maison des religieuses dites de la Croix, ainsi que nous l'apprend un mémoire sur la paroisse d'Izeure, postérieur à l'année 1766 : « Les filles de la Croix sont au nombre de vingt-cinq de chœur et de sept converses, Elles ont été établies pour faire les petites écoles, et, quoique non cloitrées, elles vivent d'une manière très édifiante ; elles ont pour confesseur M. le curé de Saint-Jean qui est en même temps leur supérieur, et sont desservies par les Carmes. Elles ont trente pensionnaires [3]. » Ce même mémoire nous fournit encore la preuve que l'école des Frères avait heureusement surmonté les difficultés du premier établissement : « Les écoles chrétiennes sont gouvernées par un bureau composé des deux curés, de deux notables, dont l'un est receveur, et d'un recteur qui est ordinairement un prêtre. C'est M. de Parnay, ancien curé de Neuglise, diocèse de Clermont, qui occupe cette place. Il y a quatre frères des Écoles Charitables, chargés de donner l'éducation aux enfans de la ville. Il n'y a rien à dire sur leur conduite. Ils ont chacun deux cens livres pour

1. Du système financier de Law.
2. Arch. de l'évêché d'Autun.
3. Id.

leur nourriture et entretien. » Il ne paraît pas que les congrégations dévouées à l'enseignement primaire aient pris un plus
grand développement dans l'ancien diocèse d'Autun.

'Telle fut, au dix-septième siècle, la part prise par l'Eglise à
l'œuvre de l'instruction primaire.' Cette action ne fut pas simplement législative et bornée à des règlements plus ou moins
exécutés, et à des exhortations plus ou moins écoutées : elle
eut une efficacité dont les documents, cités plus loin, en
grand nombre, contiendront la preuve irrécusable, et nous
verrons, par les résultats obtenus, qu'après avoir fait de
bonnes lois, l'Eglise ne resta pas au dessous d'elle-même dans
leur application.

III

. L'Etat ne s'était jamais montré aussi convaincu que l'Eglise
de la nécessité de l'instruction primaire. En contact moins
direct avec les populations rurales, il avait peu compris l'utilité de l'enseignement et cette grave question l'avait toujours
laissé assez indifférent. Préoccupé avant toute chose, du
recouvrement de l'impôt, peut-être craignait-il que les taxes
locales ne vinssent affaiblir la source où il avait coutume de
puiser. C'est au moins ce qu'on serait en droit de conclure du
mémoire présenté par les curés de l'archiprêtré de Vézelay
et que nous avons rapporté plus haut, « que nos seigneurs
les intendants refusent d'homologuer les actes des paroisses
pour les apointements des maîtres d'école. » Aussi n'atta-
cherons-nous pas une grande importance aux documents
généraux émanés de la puissance publique, vœux des Etats
de Blois en 1576 [1], édits royaux des 13 décembre 1698

---

1. Art. 33 et 34.

et 16 octobre 1700, parce que les premiers demeurèrent sans exécution et que les seconds, rendus après la révocation de l'édit
de Nantes, eurent plutôt un effet confessionnel qu'un résultat
direct, et que les uns et les autres ne se traduisirent pas par
une impulsion plus grande ni par une coopération plus
étendue.

L'Eglise au contraire avait eu sur l'enseignement primaire
une action créatrice. Elle s'était efforcée, avec une persistance
qu'on ne peut nier, de faire naître les écoles, de les multiplier,
d'en étendre le bienfait à chaque paroisse. A ce rôle, déjà
considérable, elle avait ajouté, avec l'agrément du pouvoir
civil, le droit de juridiction, c'est-à-dire le droit d'autoriser
les maîtres d'école ou, ainsi qu'on disait alors, de leur donner
l'*institution* et de surveiller leur enseignement. En cette
matière, l'Eglise opérait sur le domaine qu'elle avait elle-
même défriché, avec une puissance dont l'Etat ne se montrait
point jaloux et qu'il était plutôt disposé à accroître qu'à restreindre. Mais le pouvoir de l'Eglise ne dépassait pas les
limites de la conscience et ne connaissait d'autres moyens
que la persuasion. Il s'arrêtait à la bourse des contribuables
qui restaient les maîtres de l'ouvrir ou de la fermer à leur gré.
Aux bornes que l'autorité de l'Eglise ne pouvait pas franchir
commençait précisément le droit de l'Etat, et les meilleures
dispositions de l'une seraient souvent demeurées stériles si le
vote d'une taxe spéciale n'eût fourni à l'autre l'occasion légitime d'intervenir pour en régler la forme et la mesure, en
assurer le recouvrement et la périodicité.

Au dix-septième siècle, l'Etat exerçait déjà pleinement à
l'égard des communes, ou plutôt, ainsi qu'on disait alors, des
communautés d'habitants, ce droit si nécessaire de tutelle qui
n'a pas cessé de croître et de s'étendre dans la même proportion que les intérêts des communes se sont eux-mêmes
étendus et multipliés. Si les chefs de famille, qui formaient
chaque communauté, avaient conservé le droit de se réunir, à
la réquisition de leur syndic, de délibérer sur les affaires

communes et de prendre des décisions, l'Etat possédait seul
le pouvoir exécutif, c'est-à-dire la force de rendre ces résolu-
tions exécutoires en leur donnant l'*homologation*. C'était surtout en matière d'impôt que le pouvoir de l'Etat était absolu,
ainsi qu'il l'est encore de nos jours, et comme à la question
d'enseignement se mêlait presque toujours une question de taxe
locale, cette circonstance lui donnait une action limitée, il est
vrai, mais régulière et souveraine. Laissant à l'Eglise le soin
de pourvoir à la fondation des écoles ainsi qu'à l'institution des
maîtres, lui abandonnant en quelque sorte le côté social de
l'enseignement, l'Etat faisait seulement sentir son action : 1° en
matière fiscale, par son appréciation et son approbation des
impositions spéciales votées par les communautés ; 2° en
matière contentieuse, par l'exercice de la juridiction administrative à l'égard des conventions passées avec les recteurs
d'école et des conflits dont l'exécution et l'interprétation de
ces conventions pouvaient être la cause : action légitime autant
que salutaire qui laissait aux communautés l'honneur de l'entreprise et le mérite des sacrifices, tout en exerçant la plus
heureuse influence sur la stabilité des écoles et la condition
des maîtres.

En matière fiscale, l'action de l'Etat fut surtout sensible et
avantageuse sur la nature, la forme et le recouvrement du
traitement des recteurs d'école.

A l'égard du traitement, les communautés conservèrent
longtemps la faculté de l'établir à leur gré. Tout en proposant
une taxe uniforme, le règlement diocésain recommandait
« d'avoir égard à la coutume et à la pauvreté des lieux. »
Cette sage tolérance avait eu pour résultat d'introduire une
très grande variété dans les traitements, selon les lieux, les
temps, le chiffre de la population, le goût et l'aisance des
habitants. Après tout, le grand point était d'échapper à l'ignorance : peu importait par quelle voie et à quel prix.

Nous allons successivement exposer les différents modes de
rétribution qui furent adoptés et indiquer quelle fut l'action de

l'Etat sur ce côté fiscal de la question. Il y avait d'abord la taxe à la fois libre et proportionnelle, qui était celle indiquée par le règlement : libre en ce sens qu'elle ne pesait que sur ceux qui envoyaient leurs enfants à l'école ; proportionnelle parce qu'elle avait pour base l'étendue de l'enseignement : soit cinq sols par mois pour ceux qui apprenaient seulement à lire, dix sols quand on y joignait l'écriture, quinze sols pour l'arithmétique et le latin. Dans certaines communautés, la taxe était obligatoire pour tous les paroissiens, mais proportionnellement à leurs facultés, et elle se percevait au moyen d'une redevance en argent ou en nature imposée sur chaque feu : ainsi à Saint-Beury, les habitants étaient convenus de donner à leur recteur 1 l. 16 s. par chaque feu de laboureur, 1 l. 6 s. par feu de journalier et 15 s. par feu de veuve, outre le produit des mois des écoliers et du service de l'église. A Quemigny, cette redevance était de 30 sols par chaque habitant et de 15 s. par chaque femme veuve. [1]

Cette méthode assurait à la fois au maître un traitement fixe, basé sur le nombre des feux, et un traitement éventuel établi sur le nombre des écoliers. La tendance de l'administration, qui intervint de bonne heure dans toutes les affaires des communautés pour faire prévaloir les principes les plus équitables, fut toujours d'abolir ce système d'imposition par feu, qui pesait du même poids sur le pauvre que sur le riche, et de le remplacer par une imposition au marc la livre de la taille royale. Mais les intendants avaient d'autant plus de peine à faire prévaloir ce principe que celui-ci se trouvait en opposition avec certains mobiles d'égoïsme qui sont de tous les temps. C'est ainsi que M. Belime, subdélégué de Flavigny, écrit à l'intendant, en 1786 « que les habitans de Marcilly lui avoient promis de faire une convention en argent et de la faire homologuer, qu'il a eu beaucoup de peine à les y déterminer et qu'il n'est pas encore certain qu'ils s'exécutent, d'autant plus que les habi-

1. V. Documents, *archiprêtré de Nuits.*

tans aisés s'y opposeront tant qu'ils pourront, parce que présentement ils ne payent pas plus que les autres, tandis que par la voie de l'imposition ils payeront davantage, ce qui est juste [1]. » Souvent même l'intendant ne pouvait vaincre la résistance de certaines communautés, comme on le voit par la requête présentée par un nommé Jacquin, recteur d'école à Villeberny, qui exposait « que les principaux habitans, qui craignent cette forme d'imposition au marc la livre par la raison qu'ils en supporteront une plus forte cette que cy-devant, se sont toujours opposés au rôle qui auroit dû être fait en exécution de l'ordonnance (de l'intendant) du 9 décembre 1786. » Ce fait, ajoute-t-il, est attesté par le subdélégué, M. Belime, « qui dit précisement que la majeure partie des habitans s'oppose à la confection du rôle au marc la livre et que les syndics refusent de le faire pour ne pas déplaire à quelques-uns d'entre eux. » [2]

Si la taxe au marc la livre de la taille était repoussée par les habitants aisés, la taxe par feu était avec raison repoussée par les plus pauvres. En 1784, le curé de Vignolle expose à l'intendant « que dans cette paroisse le payement des gages du recteur d'école et des sonneurs se fait non pas au marc la livre de la taille, mais par égale portion entre les habitans, en sorte que le pauvre paye autant que le riche, que cette fausse répartition jointe au défaut d'une convention en règle et homologuée par M. l'intendant a excité la réclamation du pauvre, au moyen de quoi le recteur d'école et les sonneurs ont préféré cesser leurs fonctions plutôt que de s'exposer à autant de procès qu'il y a d'individus pour avoir le payement de leurs gages. » [3]

En établissant le traitement des recteurs d'école sur une imposition au marc la livre de la taille, les intendants firent à la fois un acte de justice et de bonne administration : « Le

1. V. Documents, *archiprétré de Flavigny.*
2. Id. *ibid.*
3. V. Documents, *archiprétré de Beaune.*

marché qui a été passé entre les habitans de Gissey-sous-
Flavigny, écrit l'intendant à son subdélégué en 1771, et
le nommé Gaveau, leur recteur d'école, ne peut pas être
homologuée, par la raison qu'il est stipulé que ce recteur percevra de chaque habitant 10 sols et une demi mesure de bled
consceau. Cette clause est illicite et illégale en ce que les habitans pauvres sont aussi chargés que les riches... Il est donc
indispensable de passer un autre marché dans lequel il ne sera
question que d'imposer annuellement une somme fixe. » [1]

En 1778, les habitants de Gissey ayant voulu passer une
convention conçue dans le même esprit, malgré les observa-
tions de l'intendant, celui-ci écrivit à son subdélégué : « Il
est contre l'équité que chaque feu ait à fournir le même
contingent, attendu qu'il peut se trouver des ménages plus ou
moins en état de le payer. Je ne puis homologuer la convention en question. Vous voudrez bien en prévenir les habitans
et le recteur d'école, afin qu'il soit fait un autre marché dans
lequel on déterminera une somme fixe et proportionnée au
produit qu'il auroit eu de la perception des 10 sols et de la
demie mesure de grain. » [2]

Dans certains cas, le traitement des maîtres d'école était
constitué au moyen d'une dotation territoriale qui était déta-
chée des fonds propres de la communauté et qui se combinait
avec la rétribution en argent.

C'est ainsi que le maître d'école d'Aubigny-la-Ronce, outre
la somme de 90 livres, produite par une imposition spéciale,
avait encore la jouissance de trois journaux de terre et la
faculté de nourrir deux vaches et douze brebis sur les pro-
priétés communales [3]. Celui de Civry-en-Montagne avait un
traitement fixe de 120 l. par an, quatre journaux de terre et
le droit de tenir deux vaches et vingt brebis [4] ; à Nantoux, le

1. V. Documents, *archiprêtré de Flavigny.*
2. Id. *ibid.*
3. V. Documents, *archiprêtré d'Arnay.*
4. V. Documents, *archiprêtré de Flavigny.*

traitement se composait de 60 l. en argent et de dix ouvrées
de vigne ; à Pommard, il s'élevait à 300 l. et il était accru par
la jouissance d'une ouvrée de chenevière et des noyers qui y
étaient plantés, dont la concession était faite par la fabrique [1].
Quelquefois cette dotation en biens fonds était assez considérable pour dispenser les habitants de s'imposer une charge
spéciale ; à Dornecy, elle se composait de trente-six journaux
de terre qui appartenaient à la confrérie de la Sainte-Vierge [2];
à Commarin, il avait été convenu que le maître « pour lui tenir
lieu de gages jouiroit des terres et prés appartenant à la maîtrise [3]. » Elle s'ajoutait toujours au produit de la rétribution
scolaire et des assistances à l'église.

En dehors du traitement fixe produit par une imposition
répartie sur toute la communauté, du traitement éventuel
fourni par les mois des écoliers et les assistances à l'église,
des subventions données par les fabriques et les confréries
locales, de la jouissance d'une certaine étendue de terre, du
droit de pâturage pour un nombre déterminé d'animaux
domestiques, et de l'exemption des charges communes, il
nous reste encore à citer les redevances en nature que les
populations avaient un goût si prononcé à s'imposer au profit des maîtres d'école : soit que cette rétribution leur semblât
plus légère et passât en quelque sorte inaperçue au milieu des
abondances de la récolte, soit qu'elle fût un dernier souvenir
et comme une extension de cette antique constitution par
laquelle l'empereur Gratien avait assigné des prestations en
blé, en vin et en huile aux professeurs des villes métropoli-
taines [4]. Ces redevances, qui étaient conformes aux mœurs
et aux usages du temps, entraient pour une part considérable
dans les émoluments des maîtres d'école, et, dans la plus

1. V. Documents, *archiprêtré de Beaune*.
2. V. Documents, *archiprêtré de Vézelay*.
3. V. Documents, *archiprêtré de Pouilly*.
4. V. Thierry, *Tableau de l'empire romain*, livre III, ch. II.

part des cas, elles s'ajoutaient au traitement fixe et au traitement
éventuel, de façon à en élever notablement le produit. A
Corcelle-lès-Ars, en 1784, elles consistaient en une quête de
vin et de grain, jointe à 60 livres de fixe, aux mois des écoliers
et au service de l'église ; à Bouilland, en 1772, en une gerbe
de froment par chaque laboureur, ajoutée à un traitement de
95 livres et au casuel ; à Bourrey-Beaugay, en 1775, en une
mesure de froment par chaque laboureur, avec 60 livres de
gages, les mois des enfants et l'église ; à Auxey, en 1772, en
une quête de vin au temps des vendanges, le logement,
50 livres de fixe, le tout sans préjudice du produit des mois
d'école et de l'église ; à Aloxe, en 1776, en une quête de vin,
outre un traitement de 100 livres, les mois et les assistances à
l'église ; à Bessey-la-Cour, en 1775, en une gerbe de froment
au temps de la moisson, jointe à 100 livres en argent, les
mois et le service de la paroisse ; à Crugey, en 1768, en une
quête de grain, 78 livres de traitement et le logement ; à
Chorey, en 1784, en une quête de vin et de grain, 50 livres de
traitement, les mois des écoliers et le casuel ; à Pommard, en
1746, en une redevance de six pintes de vin par chaque
vigneron, 60 livres de gages, les mois et l'église ; à Nantoux,
en 1785, en une rétribution de huit pintes de vin par vigneron, 60 livres de fixe, les mois et l'église ; à Santenay, en
1761, en une gerbe par laboureur, une quantité indéterminée
de vin de la part du vigneron et 40 livres de gages, payés
par moitié entre la fabrique et la communauté. Ces diverses
redevances étaient toujours rachetables au gré de chacun et à
prix convenu d'avance.

Il serait assez difficile d'évaluer à quel chiffre pouvait s'élever le produit de ces rétributions en nature : il variait assurément de communauté à communauté et d'année en année.
En 1787, la rétribution en vin accordée par les habitants de
Savigny-sous-Beaune à leur maitre d'école pouvait valoir
environ 800 livres, qui, jointes à un traitement fixe de
40 livres, à la jouissance gratuite d'une maison, aux mois

des écoliers et au service de l'église, représentait une somme
bien supérieure au revenu actuel de nos instituteurs. [1]

Cette dime volontaire était le système que les communautés
de campagne adoptaient le plus volontiers. Comme M. Boileau,
subdélégué de Beaune, l'écrivait en 1768 à l'intendant,
M. Amelot, « les habitans donnent plus volontiers du vin en
temps de vendange parce qu'ils se libèrent sans bourse délier ;
ils y trouvent un avantage ainsi que le maître d'école. Tous
les recteurs sont sur ce pied dans les pays de vignoble, et
c'est l'appat qui leur fait traiter avec les communautés à un
prix plus modique [2]. » Mais si elle était conforme au génie
particulier des habitants de la campagne, il s'en fallait bien
qu'elle fût en harmonie avec les principes fixes, le goût des
règles et de l'uniformité, qui tendaient de plus en plus à prévaloir dans l'administration française, et qu'elle rencontrât la
même faveur auprès de ses représentants. Autant les communautés se montraient disposées à partager avec leurs maîtres
d'école le produit des vignes et des champs, autant les administrateurs faisaient preuve d'antipathie et d'hostilité à l'égard
de ces redevances qui choquaient toutes leurs habitudes d'ordre
et de régularité : « M. l'intendant, écrit le subdélégué Boileau
au syndic de la communauté de Pommard, n'est pas dans l'u-
sage de permettre de pareilles rétributions. Il seroit par consé-
quent plus à propos de fixer une somme qui s'imposeroit tous
les ans sur les habitans [3]. » Cette disposition à les prohiber
absolument et à les faire disparaître était devenue, à la fin du
dix-huitième siècle un principe fixe de l'intendance de Bourgogne. « L'ancienne convention que les habitans et le curé
cherchent à faire revivre, écrit quelques années plus tard le
même fonctionnaire, est totalement contraire à la jurispru-
dence qui jusqu'à ce jour a été suivie par MM. les inten-

---

1. Archives de la Côte-d'Or, C 962.
2. Arch. de la Côte-d'Or, C 917.
3. Id. ibid.

dants... Cet acte contient des clauses que M. l'intendant et MM. ses prédécesseurs n'ont jamais autorisées [1]. » Les motifs de cette répugnance ne sont d'ailleurs que trop faciles à saisir. Toutes ces redevances de pintes de vin, de boisseaux de grain, de gerbes de blé contribuaient, il est vrai, à élever notablement le traitement des maîtres d'école, mais le recouvrement de ces denrées, qui demeurait abandonné à la bonne foi et à la conscience de chacun, loin d'être facile comme un rôle d'impôt, était souvent dans la pratique d'une exécution pénible et litigieuse. Il suffisait qu'un particulier eût à se plaindre du maître d'école, qu'il eût contre lui quelque grief réel ou imaginaire, pour qu'il se refusât à livrer la rétribution promise, et il n'en était pas une qui ne pût donner lieu à une multitude de procès. Ces difficultés de perception avaient frappé l'œil prévoyant des administrateurs qui dans leur correspondance ne cessent de les rappeler aux communautés : « Je suis persuadé, écrit le subdélégué à l'échevin de Santenay, que M. l'intendant ne se prêtera jamais à favoriser des conventions qui donnent la faculté à un recteur d'école de percevoir sur chaque habitant des rétributions en pain ou en vin, par l'inconvénient tout simple que cela peut donner lieu à autant de procès qu'il y a d'habitans. Je vous prie donc de le prévenir que le seul parti qu'il y ait à prendre, c'est d'assembler les habitans pour les engager à passer un autre marché par lequel ils conviendront d'une solde fixe que l'on imposera chaque année sur le général de la communauté, mais sans qu'il soit question de denrées sur chaque particulier, et sauf les rétributions particulières pour les mois des enfans et les assistances à l'église [2]. » La tendance constante de l'administration fut donc de supprimer ces prestations en nature et de les convertir en une somme d'argent portée au rôle des contributions et recouvrée avec elles.

1. Archives de la Côte-d'Or, C 947.
2. Id. C 956,

En 1786, les habitants de Marcilly-lès-Vitteaux avaient accordé à leur recteur d'école son logement, la faculté d'ensemencer trois journaux de terre à chaque saison, 80 livres en argent par an avec le produit des mois des écoliers et des services de l'église, et une demi-livre *de pain en pâte*, par chaque feu, tous les samedis [1] ; touchante rétribution par laquelle les habitants donnaient à leur recteur le pain matériel en échange du pain de l'esprit qu'il distribuait à leurs enfants. A Villy-en-Auxois, cette redevance ne pouvait être moindre d'une livre de pâte [2], mais l'intendant, ne pouvant admettre que les recteurs d'école eussent ainsi leur part dans la huche de chaque ménagère, prescrivit la conversion en argent de cette rétribution qui fut évaluée à 40 livres pour la première paroisse et à 20 livres pour la seconde, de façon à porter pour chacune les émoluments du recteur à 120 livres, « qui est à peu près le traittement des recteurs d'école des environs. »

En 1784, les habitants de Pouillenay avaient fait une convention par laquelle ils accordaient à leur recteur d'école un boisseau de blé par laboureur, un demi-boisseau par chaque journalier, avec une redevance de chanvre, le mois des écoliers et le produit du service de l'église. L'intendant refusa de l'homologuer : « La convention dont il s'agit est très irrégulière, écrivit-il à son subdélégué. Les gages du recteur d'école doivent être payés en argent et non en denrées dont la perception est sujette à beaucoup d'inconvénients. Il convient de la renvoyer pour vérifier quel peut être, année commune, le produit de ces rétributions afin d'ordonner une imposition annuelle sur tous les habitans, au marc la livre, suivant l'usage [3]. » D'après leur valeur, ces redevances furent converties en un impôt de 139 l.

C'était en vain que pour maintenir un usage qui leur était

1. V. Documents, *archiprêtré de Flavigny.*
2. V. Id. *ibid.*
3. V. Id. *ibid.*

cher, les populations donnaient à ces redevances un caractère purement gracieux et facultatif : cette atténuation ne pouvait faire fléchir la rigueur des principes. Ainsi, en 1783, les habitants de Saint-Beury ayant autorisé leur recteur à faire une quête de vin « qui sera volontaire, c'est-à-dire que chaque habitant sera libre de donner ou de refuser », l'intendant ordonna que cette rétribution serait « proscrite », comme si elle eût été obligatoire. [1]

En résumé, pendant longtemps les communautés conservèrent toute liberté pour fixer à leur gré la forme et la nature du salaire des recteurs d'école. Au milieu du dix-huitième siècle, l'action constante de l'État tendit à l'établissement d'un mode uniforme consistant en une imposition additionnelle au marc la livre de la taille royale, jointe au produit éventuel de la rétribution scolaire et du service de l'église. En refusant d'homologuer les conventions qui étaient établies sur un principe différent, les administrateurs firent prévaloir, non sans résistance de la part des communautés, le seul système de l'imposition que l'on trouve partout en vigueur dans les dernières années qui précédèrent la Révolution.

Les communautés ne devaient recourir à la ressource extrême de l'imposition spéciale que quand elles n'avaient pas d'autre moyen de payer le traitement de leur recteur d'école. Ainsi, en 1777, les habitants de Thomirey, qui possédaient un pré de 16 soitures, affermé au prix de 200 l. furent invités à prélever sur le produit de cette location une somme de 104 l. moyennant laquelle leur recteur devait instruire gratuitement les enfants, sans aucune autre rétribution. Pour délibérer sur cette proposition, ils furent convoqués en assemblée générale « d'où ils se sont retirés sans dire autre chose, si ce n'est qu'ils ne demandaient pas mieux que leurs enfans fussent enseignés sans bourse délier. » On ne sait du reste si la proposition fut acceptée par ces habitants qui, au témoignage de leur échevin,

1. V. Documents, *archiprêtré de Semur-en-Auxois.*

étaient « indociles et difficiles à conduire [1] »; mais il est à croire que ce goût pour l'instruction « sans bourse délier » n'était pas particulier aux habitants de Thomirey, comme il est certain qu'il n'a pas cessé d'être à la mode.

Si les communautés se virent peu à peu privées du droit de régler la nature et la forme du salaire de leur recteur d'école, elles conservèrent jusqu'à la fin la faculté d'en fixer le chiffre. En cette matière, l'intervention de l'État ne se justifie pleinement que quand elle s'ajoute à son concours, et il eût semblé peu juste qu'il fixât une charge dont il ne prenait pas sa part. Aussi n'y avait-il nulle règle à cet égard. Mais on doit constater que la suppression des redevances en nature eut pour résultat d'affaiblir le traitement des recteurs d'école : ainsi à Arnay-sous-Vitteaux, chaque habitant donnait un boisseau de froment dont le total s'élevait à 240 livres, tandis que le traitement en argent qui lui fut substitué ne s'éleva qu'à 130 livres. [2]

Malgré les prohibitions des intendants, les redevances en nature ne furent jamais complétement abolies et elles continuèrent à former un appoint, souvent considérable, du traitement des recteurs d'école, à titre de rémunération facultative de certains services religieux.

Parmi les avantages que les communautés accordaient le plus volontiers aux recteurs d'école, il faut citer l'exemption de la taille, de la corvée des grands chemins et des autres charges locales; mais leur bonne volonté se trouvait arrêtée par la résistance des intendants qui leur faisaient entendre qu'il ne pouvait dépendre d'elles d'exempter un particulier de l'impôt. Au reste, et on a pu en juger par les détails qui précèdent, les communautés ne se montraient pas avares envers les recteurs d'école et parfois les intendants étaient plutôt disposés à modérer leur zèle qu'à le stimuler. Ainsi en 1768, la communauté de Pommard ayant élevé le traitement de son recteur à 300 livres, l'intendant, surpris de ce chiffre, lui fit

1. Archives de la Côte-d'Or, C 966 bis.
2. V. Documents, archiprêtré de Flavigny.

« défense de porter ses gages à plus forte somme que celle de
150 livres » ; les habitants se réunirent et déclarèrent « que
s'ils ont fixé les gages à 300 livres ce n'a été que dans la vue
de dédomager le recteur de la quête que monsieur l'intendant
avoit supprimée, qui par commune année pouvoit aller à
pareille somme, gage ordinaire du maître d'école, que d'ailleurs
ils ne croyent pas qu'il y ait excès dans cette fixation [1]. » Le
curé ayant joint ses instances à celles de ses paroissiens et le
subdélégué de Beaune, M. Boileau, ayant émis un avis favorable, l'intendant consentit à approuver le chiffre voté par les
habitants.

En un mot, traitement fixe en argent produit par une imposition spéciale, traitement éventuel formé par les mois des
écoliers et les services de l'église, redevances en nature,
dotation territoriale, logement, tels étaient les éléments les
plus communs dont l'ensemble composait le salaire des recteurs d'école. A quel total pouvaient s'élever ces ressources
diverses ? Si on ne peut l'évaluer avec précision, on doit croire
au moins qu'il était proportionné au prix des choses de la vie,
parce que après tout, les hommes ne consentent guère à exercer une profession qui ne leur permet pas de vivre. La fonction de recteur d'école permettait même quelquefois davantage :
ainsi, en 1767, nous voyons Antoine Roussel, recteur d'école
à Pommard, devenu, par son grand âge, incapable d'exercer
son ministère, céder ses droits en se réservant une pension de
300 livres [2]. Cet exemple prouve, qu'en certains cas, le traitement d'un maître suffisait à en rémunérer deux. D'autres fois
au contraire, la pauvreté plaçait certaines communautés dans
l'impossibilité de remplir les engagements contractés. C'est
ainsi, qu'en 1696, la paroisse de Pouilly-en-Auxois se trouvait hors d'état de payer les gages de son recteur d'école qui,
plus attaché à son devoir qu'à son intérêt, n'en continuait pas
moins ses fonctions.

1. V. Documents, *archiprêtré de Beaune.*
2. Archives de la Côte-d'Or, C 947.

L'action de l'Etat ne fut pas moins salutaire en matière contentieuse qu'elle ne l'avait été sur la nature, la forme et la plus grande régularité des traitements. Il importait en effet au bon ordre que la malice naturelle, l'humeur de quelques particuliers, l'esprit d'intrigue et de cabale ne vinssent pas affaiblir et détruire l'effet des conventions passées entre les communautés et les recteurs d'école. Le droit qu'avait l'Etat d'homologuer ces conventions lui conférait en même temps la connaissance et le jugement de tous les conflits auxquels leur exécution pouvait donner lieu.

Le maitre d'école était choisi par l'assemblée générale des chefs de famille, qui fixait, d'un commun accord, les conditions du contrat. L'élection se faisait à la pluralité des suffrages, en présence d'un officier public qui en dressait acte. Ainsi, le 4 avril 1789, par devant Sauvageot, notaire à Argilly, Jean Bailly fut élu recteur d'école à Villy-le-Moutier, par 59 suffrages contre 37 donnés à son concurrent. [1]

Ces élections donnaient souvent lieu à des contestations et à des protestations qui relevaient du tribunal administratif de l'intendant et qui étaient jugées par lui. Loin d'entraver la liberté des communautés dans le choix de leur recteur d'école, l'Etat n'intervenait que pour assurer le paisible exercice de leur droit électoral. Le cas échéant, les administrateurs n'hésitaient pas à consacrer cette indépendance absolue par leur conduite aussi bien que par leur parole. Le 22 avril 1784, les habitants de Flagey avaient élu le nommé Antoine Bourdier pour leur recteur d'école en lui attribuant 150 livres de traitement par imposition, outre le mois des écoliers, le produit du service de l'église, l'exemption des charges communes, une portion de bois pour son chauffage et 5 sols par habitant pour présenter l'eau bénite, le dimanche, dans chaque maison, avec la condition expresse qu'au gré de l'une ou l'autre partie, le traité serait résilié deux mois après un avertissement préa-

---

1. V. Documents, *archiprêtré de Beaune.*

lable. En 1787, « les échevins ayant représenté aux habitans assemblés que ce recteur d'école n'étoit pas en état d'enseigner les enfants, ces habitans les ont chargé de lui faire sommation de quitter la place... étant dans l'intention de se pourvoir d'un autre maitre d'école [1]. » La sommation étant restée sans effet, les échevins en formèrent une seconde, « disant qu'on ne peut pas les forcer à garder malgré eux un sujet qui ne leur convient nullement [2]. » De son côté, le recteur, qui tenait à sa place, se pourvût également à l'intendance, alléguant qu'il était victime d'une « cabale formée contre lui par deux ou trois particuliers auxquels il a déplu [3]. » L'intendant ordonna qu'une assemblée générale des habitants serait invitée à se prononcer sur le différend, « afin de connaitre le véritable vœu de la communauté [4]. » L'assemblée des chefs de famille eut lieu le 27 septembre, en présence de Renaudot, notaire à Gilly, et, sur 38 votants, 29 s'étant prononcés contre Bourdier et 9 seulement ayant opiné en sa faveur, le subdélégué écrivit à l'intendant « qu'il n'était pas possible de conserver le recteur d'école malgré les habitans. En vérité, ajoute-t-il, ils ne lui font aucun reproche sur sa conduite, mais ils prétendent qu'il n'est pas en état d'enseigner leurs enfans. En le remerciant, ils ne font qu'user du droit qu'ils se sont ménagé en traitant avec lui [5]. » L'intendant, adoptant les conclusions de son subdélégué, condamna Antoine Bourdier à cesser ses fonctions, et les habitants lui choisirent immédiatement un successeur auquel ils attribuèrent 200 livres de traitement.

L'État avait parfois beaucoup de peine à maintenir, au milieu des factions locales, cette liberté dont il était le gardien désintéressé. L'esprit de cabale et d'intrigue se faisait souvent

1. V. Documents, *archiprétré de Nuits.*
2. Id. *ibid.*
3. Id. *ibid.*
4. Id. *ibid.*
5. Id. *ibid.*

jour dans l'élection des recteurs d'école et la passion qu'on
apportait dans ce choix était quelquefois si vive qu'elle néces-
sitait la présence de la force armée pour empêcher les partis
d'en venir aux mains. Le 19 décembre 1786, les habitants de
Savigny-sous-Beaune avaient élu Jean Giboulot pour leur
recteur d'école, pour le temps de trois ans, en stipulant que la
convention pourrait être résiliée après deux années d'exercice,
au gré de l'une ou l'autre partie. Un an seulement après,
les habitants passèrent un autre traité, le 10 décembre 1787,
avec les nommés Goby père et fils, sans tenir compte de l'engagement précédent. Mais Giboulot ayant refusé de cesser ses
fonctions et d'évacuer « la maison rectorale », la communauté
de Savigny était devenue la proie d'un véritable schisme
pédagogique. Avant de se prononcer, l'intendant, qui avait
été saisi du litige, écrivit à son subdélégué de Beaune,
M. Maufoux, pour connaître « le motif qui détermine les habitans à renvoyer le sieur Giboulot... et si les nommés Goby
ont été choisis d'une voix unanime et s'ils sont *agréables* à
toute la paroisse. » Pendant l'instruction de cette affaire, la
présence simultanée des deux recteurs avait déchaîné les
passions tellement que M. de Migieu, seigneur du lieu, se
plaignit à l'intendant d'une situation « qui a causé depuis près
d'un an un désordre et un trouble affreux dans son comté,
au point qu'il a été à la veille de demander de la maréchaussée
pour contenir les deux parties. » Instruit des faits, l'intendant
rendit, le 24 décembre 1787, une ordonnance par laquelle
considérant « que le nommé Giboulot auroit été atteint et
convaincu de s'être réuni à différents particuliers pour se
faire nommer recteur d'école, comme aussi d'avoir formé des
délibérations et conventions rédigées et écrites hors de l'assemblée, de les avoir portées lui et ses adhérents en différentes
maisons, même au cabaret, et de les avoir pressé pour les
faire signer, également pour raison de quoi ledit Giboulot
auroit été condamné à 10 livres d'amende envers la seigneu-
rie de Savigny... » il lui était fait « très expresse défense et

inhibitions de continuer à exercer les fonctions de recteur d'école dans la paroisse de Savigny-sous-Beaune, à peine d'y être sévèrement pourvu... » Il lui était également ordonné « d'évacuer la maison rectorale qu'il occupe, dans la huitaine à compter de la signification de notre ordonnance, à peine, en cas de refus, d'être ses meubles et effets mis sur le carreau... » L'intendant ordonna en outre « qu'à la diligence des échevins en exercice de la comté dudit lieu, il sera incessament convoqué une assemblée générale desdits habitans, à l'effet de faire choix de tel recteur d'école approuvé qu'ils jugeront à propos, à l'exception dudit Giboulot qui demeure exclus de la place... et à tous les habitans qui n'auront excuse ou empêchement légitime de paroître à ladite assemblée, d'y donner leur suffrage tranquillement, sans confusion ni tumulte, et d'y rester jusqu'après la clôture de l'acte, à peine de 3 livres 5 sous d'amende... »

Les choses ne se passèrent pas aussi tranquillement que l'intendant l'espérait. A l'issue de la messe paroissiale du premier janvier, l'un des deux échevins « fit sonner l'assemblée pendant très longtemps », et ayant eu soin de se faire assister d'un sieur Deroye, notaire à Beaune, il pressa les habitants de se prononcer en faveur de Giboulot, sans avoir égard aux réclamations de son collègue qui « lui représenta qu'on ne pouvoit pas encore délibérer sur le choix d'un nouveau recteur d'école parce qu'on n'en avoit point en vue pour le moment... » et sans tenir compte de l'exclusion formelle que l'intendant avait prononcée contre ce candidat, répondant avec insolence « que monsieur l'intendant n'avoit pas la langue des habitans. » Cette manœuvre avait réussi, et sur 247 chefs de famille, 158 avaient voté pour Giboulot, 14 pour Claude Goby et 75 s'étaient abstenus. Fort de ce succès, l'échevin s'empressa de transmettre à l'intendant le procès-verbal de l'élection, avec un mémoire contenant « que les motifs qui ont déterminé le choix des habitans en faveur de Giboulot, sont que sa conduite et ses mœurs sont très régulières, qu'il est de

la plus grande exactitude et qu'il a toutes les qualités nécessaires pour instruire leurs enfants au nombre de 250, et que
pour mieux les contenir et les surveiller il a eu l'attention de
prendre, à ses frais, une personne avec lui. Les habitans
sont donc convaincus qu'ils ne trouveroient pas les mêmes
avantages et les qualités requises dans tout autre sujet. »
Malgré ce tableau flatteur, cette élection, loin de calmer les
esprits, les avait animés davantage. M. de Migieu écrivait à
l'intendant « que le désordre et le trouble qui règnent dans sa
paroisse depuis très longtemps, par rapport à Giboulot, sont
au point qu'il a été tenté plusieurs fois de demander une gar-
nison au gouverneur pour en arrêter les suites... » De son
côté, l'intendant, irrité du mépris qui avait été fait de son
ordonnance, cassa l'élection, condamna l'échevin qui l'avait
favorisée à 24 livres d'amende envers les pauvres de la paroisse
de Savigny, enjoignit au notaire Deroye, qui avait gravement
manqué à son devoir, *d'être plus circonspect à l'avenir* [1], ordonna
aux habitants de tenir une nouvelle assemblée et prescrivit au
subdélégué « de prendre les mesures convenables pour que
l'assemblée soit tenue avec tranquillité et que chaque habitant
donne *librement* sa voix sur l'objet de la délibération [2]. » L'assemblée se tint le 13 janvier, en présence du subdélégué et de
deux cavaliers de la maréchaussée mandés tout exprès pour
veiller au maintien du bon ordre. Grâce à ce déploiement de
force, l'assemblée se passa sans nouveau trouble et les habitants, « mieux réfléchis », choisirent d'une voix unanime,
François Laboureau pour leur recteur d'école.

L'État exerça encore son action, de la manière la plus
juste et la plus honorable, par la considération qu'il attribua
aux maîtres d'école et par sa tendance à élever leurs fonctions
dans l'estime publique. Les esprits étaient encore peu préparés

---

1. Censure encore employée à l'égard des officiers ministériels qui ont
manqué aux devoirs de leur profession.
2. Arch. de la Côte-d'Or, C 962.

à cette façon de voir et de sentir. Autant en effet les communautés de campagne se montraient facilement prodigues de
bonnes dispositions en faveur des maîtres d'école, autant elles
se montraient hautaines à leur égard et portées à ne voir en
eux que des serviteurs, dans le sens le moins élevé du mot.
C'est ainsi qu'en 1780, les habitants de la paroisse d'Ivry pré-
tendaient que Jacques Vollot, leur recteur, « doit être assimilé
à un domestique qui ayant annoncé des talents qu'il n'auroit
point pourroit être expulsé avec raison. » L'intendant n'admet
pas cette injuste assimilation : « Quelque mince que soit le
titre d'un maître d'école de village, écrit M. Amelot, ses fonctions ne peuvent être confondues avec le service d'un domestique. » [1]

En résumé, l'État fit utilement sentir son action, en matière
fiscale en attribuant au traitement des recteurs d'école une
assiette plus équitable, plus sûre et plus fixe ; en matière
contentieuse, par le soin qu'il apporta à maintenir aux communautés une entière liberté dans leur choix, à terminer tous
les conflits avec un grand esprit de justice et d'impartialité, à
faire respecter les droits de chacun et à susciter à l'égard des
recteurs d'école ces sentiments d'estime et de considération
dont leur autorité n'a pas moins besoin que leur personne. Si
l'État n'a exercé sur l'instruction primaire qu'une action
modeste et limitée, s'il n'a pas cherché à étendre un pouvoir
qu'il était encore peu préparé à exercer, il a du moins rempli
une tâche utile et réalisé un progrès certain.

IV

Il existe dans toute âme chrétienne un fond naturel de charité qui éprouve le besoin de se répandre au dehors et de se
dépenser sous une forme qui a varié selon les temps : senti-

[1]. Arch. de la Côte-d'Or, C 921.

ment hardi et prodigue quand il est secondé par la loi civile, fécond quand il est simplement laissé libre de s'exprimer, timide à l'excès et prompt à s'effacer quand il est seulement gêné par elle. Notre histoire l'a vu à l'œuvre dans ces trois phases successives : de désintéressement violent et emporté, d'action régulière, de sommeil ; prêt à tout envahir, coulant à pleins bords ou complétement tari. Merveilleusement agile et toujours prêt à se plier, avec une souplesse surprenante, aux formes les plus utiles et les plus appropriées aux circonstances, ce sentiment s'était traduit pendant le haut moyen âge, avec une puissance extraordinaire, par la fondation des innombrables monastères qui avaient couvert l'Orient et l'Occident. Sans rappeler ici des transformations infinies qui n'appartiennent pas à notre sujet, nous exposerons la voie nouvelle qu'il s'ouvrit au dix-septième siècle en faveur des écoles et qui vint unir l'action libre et toute volontaire des particuliers à celle de l'Église et de l'État : nous en citerons de nombreux exemples.

L'influence de M. de Roquette fut particulièrement sensible à Autun. Excités par le zèle intelligent de leur évêque, trois prêtres de la ville, nommés Odet Brunet, Jacques Dechevanes et Léonard Tribollet, n'hésitèrent pas à se faire eux-mêmes les instituteurs des pauvres, et ils ouvrirent à cet effet une école de charité que nous trouvons en plein exercice en 1688. Le conseil de ville ne voulut pas demeurer étranger à un tel dévouement et, dans une délibération qu'on aime à rappeler, il accorda, sur les modiques ressources de la cité, une subvention de trente-six livres pour le loyer de la salle d'école :

Faict en la Chambre du conseil de ville et cité d'Autun aujourd'hui quinziesme may 1687, où estoient monsieur Jonchapt, vierg, messieurs Poillot et Delathoison, eschevins, et Mr Jean Taupenot, procureur scindicq.

M. Jacques Odet Brunet, prebstre, l'un des directeurs de l'hospital général de cette ville, M. Jacques Dechevasnes et M. Léonard Tribollet, ecclésiastiques de ce diocèse, tous directeurs de l'escolle charitable, ont remontré à la Chambre que se croyant obligés pour respondre à la saincteté de leur vocation et de leur ministère, de travailler de tout leur pouvoir à la réformation des mauvaises mœurs et porter les peuples, par le bon exemple, à glorifier et servir Dieu : partant ils ont cru ne pouvoir mieux réussir dans un si bon dessein qu'en les instruisant de bonne heure et dez leur enfance de toutes les vérités de l'esvangille et de tous les mistères de nostre religion. Mais, comme cette instruction chrestienne qui regarde principallement la jeunesse ne peut se faire que par un establissement de l'escolle charitable où touttes sortes de personnes seront receues pour y apprendre à bien servir Dieu, lire, escrire, chanter et touttes les bonnes choses qui peuvent contribuer à la perfection chrestienne et à la vraie destruction de tant de vices que la fénéantise et la débauche produisent ordinairement dans les jeunes gens qui n'ayans que des parens pauvres ou peu soigneux de leur éducation, leur laissent mener une vie vagabonde, libertine et toutte pleine de vices qui les conduict tousjours à une fin, ou très malheureuse ou très souvent funeste, si les gens de bien ne prennent un soin tout particulier de les retirer de ce mauvais pas : et c'est pour cela mesme que lesdits Brunet, Dechevasnes et Tribollet, qui de ce soing veullent faire une de leur principalle occupation, s'estant dévoué de tout leur cœur à l'instruction de la jeunesse de cette ville et particulièrement des enfans les plus pauvres, se sont présentés à la Chambre pour déclarer qu'ils s'offrent volontiers et avec plaisir pour establir cette escholle charitable et qu'ils s'y occuperont avec assiduité pour qu'elle soit glorieuse à Dieu et advantageuse au publique; mais comme cet establissement ne peut se faire si ce mesme publique n'y contribue et que de touttes les despenses qui se font, celle qui regarde ladite escholle charitable est sans doubte la plus nécessaire, ils ont lieu d'espérer que la Chambre y contribuera et que le sieur scindicq, dans la connaissance qu'il a de tout le bien qui en peut revenir, donnera des conclusions favorables à leurs prétentions.

Sur quoy, la Chambre, le scindicq ouy, attendu que l'establissement de ladite escholle charitable ne peut produire que beaucoup de bien dont il y a desja lieu des effects, desquels l'on

connoist visiblement que la jeunesse pauvre est instruite des deb-
voirs du chrestien, et que par les occupations de touttes les
choses qui s'apprennent dans ladite escholle charitable, les jeunes
gens ne s'adonnent point au mal, ainsy qu'ils avoient coustume
de le faire, a délibéré soulz le boh vouloir de monseigneur l'intendant, heu esgard à la justice de la demande, qu'il sera octroyé
mandement pour cette fin aux dits sieurs Brunet, Dechevasnes
et Tribollet de la somme de trente six livres pour payer le loyer
de la salle ou grande chambre où se tiendra ladite escholle charitable, ou pour l'employer à d'autres choses nécessaires à ladite
escholle, et que pour continuer à l'advenir de donner quelque
chose de fixe pour faire subsister ladite escholle, on se pourvoira
à monseigneur l'intendant pour qu'il luy plaise de pourvoir
d'un fond, attendu que la ville n'a aucun revenu dont elle puisse
contribuer à donner la mesme somme ou plus grande si elle le
juge nécessaire, heu esgard à l'importance dudit establissement.
O. Brunet. L. Tribollet. J. Dechevanes. Poillot. Delatoison.
Taupenot. Jonchapt. » [1]

Ces pieux personnages ne bornèrent pas leur zèle à fonder
une école charitable à Autun : ils conçurent la pensée d'é-
tendre le même bienfait au diocèse entier, et, dans ce but, ils
adressèrent l'invitation suivante à toutes les personnes de
bonne volonté :

REMONSTRANCE A MESSIEURS LES ABBEZ, DOYENS ET CHANOINES,
TOUCHANT L'ESTABLISSEMENT DE L'ÉCOLE CHARITABLE
DES PAUVRES.

L'importance des écoles chrétiennes ne peut être ignorée que
par ceux à qui la piété n'inspire aucun sentiment du bien public ;
nous voyons au contraire que les personnes zélées pour le salut
des âmes soupirent depuis longtemps après un établissement si
propre à procurer la gloire de Dieu. Les enfans d'honnête famille

1. Registres de l'hôtel de ville d'Autun, vol. XXXIX, fol. 6. Arch. de la
ville d'Autun.

reçoivent l'instruction de leurs devoirs dans les maisons par leurs parents, dans les écoles par les maîtres qu'ils payent, et dans les collèges par les professeurs que la ville a fondés.

Mais les pauvres ne pouvant avoir ces secours demeurent dans une ignorance extrême de Dieu qu'ils sont obligéz de connoître, d'aimer et de servir, s'ils veulent avoir part à son royaume : et comment connoîtront-ils Dieu s'ils n'ont des maîtres pour les instruire ; comment les maîtres les instruiront-ils, si quelqu'un ne les entretient, et qui les entretiendra si les personnes charitables ne fournissent à cette dépense.

Nous voyons tous les jours dans les rues des fainéans et des vagabons qui ne sçachans que boire et manger, et mettre au monde des misérables, produisent cette fourmilière de gueux qui nous accablent : ces pères des pauvres enfans ayant été mal élevés, et souvent dans une vie actuellement libertine, cherchent les moyens de vivre avec leurs enfans sans se soucier de leur apprendre à bien vivre et de les instruire des devoirs du christianisme qu'ils ignorent, ou qu'ils négligent eux-mêmes.

L'expérience nous fait voir avec douleur que les pereins ne suppléent point à ces obligations. Les sermons sont au dessus de la portée de leurs esprits.

Ils ne profitent pas des catéchismes qu'on fait dans les paroisses, ou parce qu'ils n'y assistent point, ou parce que la semence divine y est étouffée par la corruption de la nature, par la méchante éducation, et par les mauvaises compagnies qu'ils fréquentent dès qu'ils en sont dehors.

Ainsi ces jeunes gens mal élevés tombent dans la fainéantise, source de l'impureté, de l'yvrognerie, des larcins, du libertinage, et de toutes sortes de maux. De là naît la difficulté de trouver des serviteurs fidels et de bons ouvriers : car ceux qui manquent à leurs devoirs envers Dieu s'acquittent mal de leurs devoirs envers leurs maîtres.

Les écoles chrétiennes finiroient ces désordres : on éleveroit ces jeunes plantes dans une juste crainte des jugemens de Dieu, on leur inspireroit une fidèle obéissance à leurs maîtres ; on leur feroit connoître les suites funestes de la fainéantise, la nécessité du travail pour subsister, et secondant les religieux désirs de notre grand roi, on instruiroit les enfans de nos frères nouvellement convertis dans la vérité de notre sainte religion, qu'on prend soin de leur déguiser de bon heure, afin de les engager plus opiniâtrement dans une prétendue réforme.

‹ En leur apprenant à lire, à écrire, à chiffrer et à chanter le plain-chant, on les rendroit capables de se perfectionner dans tous les arts.

On verroit par là diminuer le nombre des pauvres fainéans et libertins : on les verroit les jours ouvriers appliquéz au travail, et les jours de festes assidus à l'Église chanter l'Office divin, à l'édification des peuples, comme on le remarque déjà dans quelques parroisses de ce diocèse.

Ces pieuses considérations ont porté quelques personnes vertueuses à se cottiser pour procurer cet établissement qui servira ensuite à en faire d'autres dans ce diocèse. On espère que leurs exemples, le zèle du salut de ces pauvres âmes et du bien public en porteront un plus grand nombre à contribuer de leur biens pour soutenir une œuvre si importante. Ceux qui seront touchez de ces justes et pressans motifs, pourront remettre leurs aumônes entre les mains des sieurs Brunet et de Chevanes, ecclésiastiques au diocèse d'Autun. [1]

‹ On ne peut assurément mieux comprendre ni mieux exposer combien l'instruction est favorable à l'amélioration morale et physique des individus.

En 1753, les écoles d'Autun reçurent un nouveau développement par suite des dispositions testamentaires de Philippe Boidot, docteur de la maison de Sorbonne et l'un des chapelains de Notre-Dame de Paris. Né à Autun, dans le quartier de Marchaux, Philippe Boidot avait souvent été témoin des vices qu'engendre l'ignorance. Plein de sollicitude pour la classe ouvrière à laquelle il devait son origine, il avait, en mourant, légué une somme de onze mille livres à Pierre-Jacques Dettey, son ami, archidiacre de Puisaye en l'Église d'Auxerre, et, comme lui, né à Marchaux, dans le but de fonder deux écoles

---

1. Placard impr. sans lieu ni date. Arch. de l'évêché d'Autun.

gratuites pour les enfants pauvres de ce quartier [1]. La pensée et les intentions du fondateur sont clairement exposées dans le mémoire suivant que l'abbé Dettey plaça sous les yeux du Conseil de ville, le 3 avril 1753 :

M. Dettey, chanoine et archidiacre, se propose de fonder deux écoles dans un faubourg de la ville d'Autun où il est né, lequel faubourg est fort peuplé et n'est habité que par des pauvres : l'une de ces écoles pour l'instruction des garçons, l'autre pour celle des filles.

Son dessein est d'acheter incessamment deux maisons du prix de mille livres chacune, qu'il fera disposer d'une manière commode à faire l'école et à loger le maître et la maîtresse, puis de faire donation tant des deux dites maisons que d'une somme de neuf mille livres en argent et contracts à MM. les maire et échevins de la ville d'Autun et à leurs successeurs en ladite qualité, et qui seront priés :

1° De faire un emploi en bons fonds tant de l'argent donné par ledit chanoine, que des sommes provenantes des remboursements qui pourroient être faits desdits contracts ;

2° De faire choix d'un maître et d'une maîtresse d'école d'une piété reconnue, lesquels, de l'approbation de Mgr l'Évêque et du consentement du sieur curé de la paroisse dudit faubourg, feront l'école le matin pendant trois heures et autant l'après diner, instruiront gratuitement la jeunesse des deux sexes, leur apprendront le catéchisme du diocèse, à lire et à écrire, et feront la prière du matin et du soir en françois avec les enfans assemblés et veilleront sur eux à l'office parroissial autant que faire se pourra ;

3° De loger dans lesdites deux maisons lesdits maître et maîtresse, et de payer annuellement en deux payements égaux au maître cent quatre vingt livres, et cent cinquante livres à la maîtresse d'école ;

1. L'abbé Dettey avait coopéré à l'établissement des écoles dites de *Saint-Charles*, fondées dans le diocèse d'Auxerre par M. de Caylus, et c'est sans doute le succès de ces écoles qui lui inspira la pensée d'étendre à son pays natal le bienfait dont jouissait sa patrie d'adoption.

4° D'entretenir et faire réparer lesdites deux maisons et payer les cens et autres droits ;

5° De payer au sieur curé dudit faubourg et à ses successeurs la somme de cinq livres, et à la fabrique de la paroisse celle de trois livres pour l'honoraire d'une messe haute de *Requiem* pour le repos de l'ame du feu sieur Philippe Boidot, docteur de Sorbonne et chapelin de l'Église cathédrale de Paris, mort en l'année 1751, dont le fondateur a été légataire universelle, et pour le repos de l'ame dudit fondateur, après son décès [1], auquel service, qui sera chanté annuellement le jour du décès dudit sieur Boidot, ou jour suivant non empêché et annoncé au prône le dimanche précédent, assisteront les enfans des deux écoles, qui y seront conduits par leurs maître et maîtresse ;

6° D'employer annuellement une somme de trente livres pour acheter des livres et catéchismes à ceux des enfans dudit faubourg dont les parents ne seroient pas en état de leur en procurer ;

7° Du surplus du produit de ladite somme de neuf mille livres, faire aprendre un métier à un enfant d'un des plus proches parens dudit sieur Boidot, garçon et fille alternativement, quand il y aura une somme suffisante ;

8° De vouloir bien s'informer si lesdits maître et maîtresse remplissent leur devoir, pour, par lesdits sieurs maire et eschevins, de concert avec le sieur curé de la paroisse, qui sera prié de veiller sur lesdites écoles, destituer lesdits maître et maîtresse, s'il y a lieu, et en mettre d'autres en sa place. [2]

Cet exposé fut suivi d'un acte de fondation en règle qui devait assurer à jamais l'exécution des dernières volontés du testateur :

Par devant les conseillers du roi, notaires au baillage d'Auxerre, soussignés, le huit may mil sept cent soixante-neuf après midy, est comparu mesire Pierre-Jacques Dettey, prêtre, chanoine et archidiacre de Puisaye en l'église cathédralle de Saint-Etienne d'Auxerre, demeurant à Auxerre, rue des Lombards, paroisse de

1. Il mourut le 9 mars 1773.
2. Arch. de la ville d'Autun, liasse 64.

Saint-Pierre-en-Château, lequel, pour remplir les pieuses intentions de deffunt messire Philippe Boidot, prêtre, docteur de Sorbonne et chapelain de l'église de Notre-Dame de Paris, son amy,
qu'il luy a communiquées verballement avant son décès, a par
les présentes fait et constitué son procureur général et spécial
M. Claude Duchemains, subdélégué de monseigneur l'intendant
de Bourgogne à Autun, auquel il donne pouvoir de, pour luy et
en son nom, fonder à perpétuitté, de l'agrément et sous l'autorité de monseigneur l'illustrissime et révérendissime évêque
d'Autun, deux écoles gratuites en faveur des enfans des pauvres
demeurants dans la partie de la ville d'Autun nommée le Marchaud; l'une pour les garçons et l'autre pour les filles, aux
charges, clauses et conditions qui suivent :

1° Ne seront reçus aux dittes écoles gratuites que les enfans
des pauvres demeurants dans la ditte partie de la ville d'Autun
nommée le Marchaud, et ceux du faubourg Saint-Jean-le-Grand,
à commencer à l'horloge du Marchaud, et finissant au portail
d'Arroux; y seront cependant aussy reçus les enfans des parens
dudit sieur Boidot, quand même ils n'habiteroient ny le Marchaud ny le faubourg Saint-Jean-le-Grand, à moins qu'ils ne
soient reconnus mauvais sujets;

2° Les maître et maîtresse pour tenir lesdittes écoles seront
nommés et choisis par monseigneur l'évêque ou l'un de messieurs
ses vicaires généraux, conjointement avec messieurs le prévost
curé de Notre-Dame et curés de Saint-Jean-l'Évangéliste et de
Saint-Jean-le-Grand;

3° La liste des pauvres qui seront reçus auxdittes écoles sera
fournie par mesdits sieurs les curés de Notre-Dame, Saint-Jean-
l'Évangéliste et Saint-Jean-le-Grand;

4° Les maître et maîtresse pourront être destitués, s'il y échet,
par la même autorité qui les aura établis;

5° Les écoles seront tenues dans des maisons distinctes et séparées qui n'auront point de communication l'une avec l'autre,
qui seront louées par les maître et maîtresse, chacun à leur
égard, au lieu du Marchaud, sans pouvoir en prendre ailleurs
que depuis l'horloge jusqu'à la porte actuelle proche le faubourg
Saint-Jean-le-Grand; chacune des maisons qui sera louée aura
une chambre pour la classe suffisemment étendue pour y contenir

. les enfans qui seront dans les listes fournies [par le bureau d'administration];

6° Les maître et maîtresse, qui tiendront lesdittes écoles, aprendront aux enfans à lire, écrire, les prières du matin et du soir, le catéchisme, et se conformeront à ce que prescrivent les ordonnances synodales du diocèse ; le maître donnera les leçons de plein-chant et d'arithmétique aux enfans qui montreront des dispositions, et chacun à leur égard veilleront à ce que les livres restent dans les classes et ne soient point emportés par les enfans, pour en éviter la perte et le domage ;

7° L'ouverture des classes auxdittes écoles se fera annuellement aux temps fixés pour les autres écoles de la ville, et, le jour de l'ouverture, les enfans seront conduits; les garçons par le maître, et les filles par la maîtresse, dans l'une des trois paroisses de Notre-Dame, Saint-Jean-l'Évangéliste et Saint-Jean-le-Grand, alternativement, où ils assisteront à la messe avant laquelle sera chanté le *Veni Creator* ;

8° Seront aussi les enfans conduits comme dessus auxdittes églises et paroisses, alternativement, pour assister à une messe solennelle qui sera célébrée tous les ans à perpétuitté le vingt avril, jour du décedz dudit sieur Boidot, ou autre jour suivant non empesché, pour le repos de son âme ; cette messe sera annoncée aux prosnes dans les trois églises, le dimanche précédent le jour où elle sera célébrée ;

9° Pour l'honoraire de la messe solennelle, pour le repos de l'âme dudit sieur Boidot, sera payé à monsieur le curé qui la célèbrera, tant pour luy que pour les prêtres assistans et pour les fabriques, chacun an, la somme de dix livres ;

10° Les gages ou apointements du maître seront chacun an de la somme de trois cent cinquante livres, et ceux de la maîtresse de deux cent quarente livres, sur lesquels ils payeront chacun à leur égard le loyer des maisons où se tiendront lesdittes écoles;

11° Lesdits gages leur seront payés de quartier en quartier et par avance, mais ils ne pourront exiger ny se faire payer du second et autres subséquents quartiers qu'ils n'aient justifiés chacun à leur égard par quittances qu'ils ont payé les loyers desdittes maisons pour le quartier précédent ;

12° Monsieur le prévost de Notre-Dame et ses successeurs tou-

cheront seuls et sur leurs quittances les arrérages des rentes cy-
après affectées à l'établissement et entretien desdittes écoles,
qu'ils employeront à payer les gages des maître et maîtresse,
comme il est cy-dessus dit, et l'honnoraire des messes, et ce qui
restera desdits arrérages sera employé à l'entretien des livres,
tables et bancs des classes et à donner des récompenses d'encou-
ragement aux enfans qui auroient montré le plus de sagesse et
qui seront les mieux instruits ;

13° Au cas que le remboursement desdittes rentes soit offert,
il ne pourra être reçu que par délibération du bureau cy-après,
pour être replacés par délibération du même bureau au proflit
desdittes écoles, sans que les deniers dudit remboursement
puissent être divertis et employés à autre usage et destination
que ce soit ;

14° Pour veiller à la manutention de l'établissement desdittes
écoles, sera formé un bureau d'administration qui s'assemblera
au lieu qu'indiquera monseigneur l'Évêque, et qui sera composé
de mondit seigneur l'Évêque président, ou en son absence, de
l'un de messieurs ses vicaires généraux, de M. le prévost, curé
de Notre-Dame, et de messieurs les curés de Saint-Jean-l'Évangéliste et Saint-Jean-le-Grand. Mesdits sieurs les curés veilleront
à ce que les maître et maîtresse remplissent leurs devoirs dans
les classes du matin et du soir et procurent aux enfans une
éducation chrétienne sans pouvoir prendre ny rien recevoir d'eux
ny de leurs parents ;

15° Tous les ans, dans le courant du mois de novembre, au
jour qui sera indiqué par monseigneur l'Évêque, le bureau s'assemblera, et M. le prévost, curé de Notre-Dame, y présentera un
bref état de compte des recettes et dépenses qu'il aura faittes
relativement auxdittes écoles pendant l'année précédente, auquel
bureau sera invitté d'assister M. le procureur du Roy au baillage
d'Autun ;

16° Pour fournir à l'établissement et entretien des écoles,
M. Detley donne pouvoir audit sieur Duchemin d'affecter, céder
et transporter avec garantie de touts troubles et hippotèques
deux principaux de rente sur le clergé de France, l'un de onze
mille livres produisant arrérages au denier vingt-cinq, de la
somme de quatre cent quarente livres, suivant le contrat passé

par-devant Mre Bronot et son confrère, notaires au Chatelet de Paris, le dix-huit février 1767, et l'autre de cinq mille livres, produisant arrérages au même denier de deux cent livres, suivant le contrat passé devant ledit Mre Bronot au mois de janvier 1769, céder pareillement les arrérages qui se trouveront courants desdittes rentes au jour que sera passé l'acte de fondation, faire remise des contrats pour être déposés au secretariat de l'évêché ;

17° Le contrat de la fondation sera homologué au parlement de Dijon, conformément à l'article 3 de l'édit de 1749, et de l'arrêt d'homologation sera fait trois coppies collationnées par notaires, l'une pour ledit sieur Dettey, une seconde pour être déposée au greffe du baillage d'Autun, et la troisième pour demeurer ez mains de M. le prévost de Notre-Dame et passer à ses successeurs curés, après quoy l'orriginal dudit arrêt sera déposé au secretariat de l'évêché ;

18° Obliger ledit sieur Dettey à payer les frais et droits du contrat de fondation et ceux de l'homologation d'icelui au Parlement et coppies collationnées, comme aussy de fournir pour la première fois seulement lesdittes écoles de tables, bancs et livres, donne pouvoir mondit sieur Dettey audit sieur Duchemain de signer tous actes requis et nécessaires pour exécuter et accomplir ladite fondation d'écoles gratuittes, conformément aux clauses et conditions cy-dessus, et généralement, etc., promettant avoir le tout pour agréable. Fait et passé à Auxerre, en l'étude et pardevant les conseillers du Roy notaires audit Auxerre soussignés. Et a signé en la minute DETTEY, DUPLESSIS notaire. [1]

Conformément à cette procuration, par acte du 22 juin suivant, reçu Pignot et Mathey, notaires à Autun, M. Claude Duchemain, subdélégué de l'intendant, procéda à la fondation des écoles de Marchaux, dans les termes posés par l'exécuteur testamentaire de Philippe Boidot, en présence de messire Louis-Michel Frémont de Fourneau, prêtre, docteur en théo-

1. Bibliothèque du grand Séminaire d'Autun, mss.

logie, vicaire général de l'évêque et son représentant, chanoine et archidiacre de Flavigny en l'Église d'Autun, assisté de Jacques-Gilbert Duvernoy, vicaire de l'église Notre-Dame-du-Château, comme fondé de pouvoir de Mre Louis Letellier de Bussy, prévôt de la Collégiale, et de Jacques Godart et Lazare Abord, curés, le premier de Saint-Jean-l'Évangéliste, et le second de Saint-Jean-le-Grand. Cet acte fut homologué par le parlement de Dijon le 5 août de la même année.

L'école des garçons fut munie d'un mobilier scolaire, de la valeur de 106 l. 2 s., et celle des filles fut semblablement pourvue pour une somme de 99 l. 2 s. Le premier maître d'école fut François Normand, et la première maîtresse Jeanne Badellet à qui succéda, en 1780, Anne Commegrain, présentée par le bureau d'administration et agréée par l'évêque.

A cette occasion, on observera que le régime de gratuité absolue des écoles de Marchaux était tout naturel, puisqu'il avait à son origine un caractère de bienfaisance que la plus petite rétribution lui eût fait perdre, et qu'il n'imposait aucune charge à personne.

En dehors de ces écoles de charité, il y avait encore à Autun un recteur d'école [1] et quelques autres maîtres et maîtresses qui enseignaient dans les différentes paroisses de la ville [2]. Le dernier recteur d'école d'Autun, dont nous ayons trouvé le nom, est François Deguin, qui fut institué, le 21 avril 1781, par M. Simon de Granchamp, vicaire général de M. de Marbeuf. [3]

1. On lit dans le mémoire des frais funéraires d'une dame Davot, décédée en 1765 : « Au recteur d'école, pour son assistance à la levée du corps et enterrement, trente solz; pour son assistance aux grandes vigilles et deux grands messes, vingt solz, » Arch. de la ville d'Autun, fonds de la Collégiale de Notre-Dame.

2. Sous l'épiscopat de M. de Sénaux, la paroisse de Saint-Jean-l'Évangéliste avait un maître d'école nommé Marinot, et une maîtresse nommée la Lamour. La paroisse de Saint-Jean-le-Grand possédait seulement une maîtresse d'école « de laquelle le sieur curé rend bon témoignage. » Arch. de l'évêché d'Autun.

3. Registres de l'hôtel de ville d'Autun, vol. LXXIV, fol. 1.

Ces écoles furent supprimées, en décembre 1791, par suite du refus des maîtres et des maîtresses de prêter le serment révolutionnaire. [1]

Les touchantes *remontrances*, citées plus haut, jointes aux exemples qui partaient de la ville épiscopale, ne restèrent pas sans écho. Prêtres et laïques rivalisèrent d'ardeur pour étendre à tous le bienfait de l'enseignement chrétien. Quoique les écoles entretenues par les communautés de villages fussent déjà nombreuses, ainsi que nous le constaterons plus loin, leur existence était subordonnée à la volonté de ces communautés, à l'avis de l'intendant de la province, à l'aisance, souvent variable, des habitants, et aussi à la facilité plus ou moins grande de se procurer des maîtres : causes évidentes d'instabilité. Les fondations faites par les particuliers détruisaient toutes ces difficultés, brisaient tous ces obstacles, ôtaient tout prétexte à l'indifférence et à la pauvreté. Par ce moyen, les habitants perdaient le droit d'invoquer « la misère des temps » pour se soustraire au devoir d'entretenir une école, et le maître cessait d'avoir à redouter l'insuffisance et l'irrégularité de son traitement.

L'épiscopat ne s'était pas contenté de tracer des règles générales. Il avait aussi prescrit des sacrifices personnels comme le meilleur moyen d'atteindre le but : « Prenez, disait à son clergé l'évêque de Chalon, dans les instructions synodales de 1662, prenez tous les ans quelque somme d'argent sur le revenu de la fabrique pour aider à avoir un maître d'école dans les lieux où il n'y en a pas à cause de la pauvreté des habitans. Si vous pouvez vous même contribuer de quelque chose à la subsistance dudit maître d'école, préférez cette aumône à celles qui ne sont pas si nécessaires et si pressantes. En un mot, n'oubliez rien de tout ce qui dépendra de votre zèle pour procurer l'établissement d'un maître d'école dans vos paroisses, ce moyen étant le plus propre et le plus assuré

1. Reg. des délibérations de l'hôtel de ville, 1790-91.

pour faire que la jeunesse soit toujours bien instruite de sa créance et élevée dans la crainte de Dieu, d'où dépend la réformation entière de vos paroisses. »

Ce langage, qui était commun à la plupart des évêques, devint pour les ecclésiastiques et pour un grand nombre de laïques une règle précieuse de conduite et il provoqua, dans l'ancien diocèse d'Autun, un élan dont toutes les traces n'ont pas péri. Déjà, nous avons eu l'occasion de constater que les fabriques contribuèrent dans une large mesure à la fondation des écoles. En consacrant à cette œuvre une partie de leur patrimoine personnel, certains membres du clergé prouvèrent bien qu'elle était aussi pour eux l'aumône « la plus pressante et la plus nécessaire. » C'est dans cet esprit qu'en 1696 Jean Bergeret, curé de Luzy, donnait à sa paroisse une somme de 6,000 livres pour l'établissement d'une école ; ainsi firent Guillaume de Saint-Ursan, en 1699, au Fête dont il était prieur ; M. Gruyère, curé de Saint-Berain-sur-Dheune, qui légua, en 1739, une rente de 600 livres pour le même objet ; Claude Poncerot, curé de Frolois, en 1762.

Quant aux prêtres que la pauvreté empêchait de participer à ces fondations, l'ingénieuse charité de leur cœur y suppléait en leur inspirant la pensée d'ajouter le fardeau volontaire de l'enseignement à celui du ministère paroissial, comme à Asnières [1], à Gâcogne [2], à Monceau [3], à Saligny [4], à Saint-Didier-en-Morvan. [5]

Les simples particuliers ne restèrent pas étrangers à ce mouvement. Nous trouvons également à la même époque plusieurs écoles dues à leur concours ; en 1662, à Villy [6] ; en 1701, à Oyé, école fondée par Edmond Circaud [7] ; en 1710,

---

1. V. Documents, *archiprêtré de Véxelay*.
2. V. Documents, *archiprêtré de Corbigny*.
3. V. Documents, *archiprêtré de Véxelay*.
4. V. Documents, *archiprêtré de Pierrefitte*.
5. V. Documents, *archiprêtré de Quarré*.
6. V. Documents, *archiprêtré de Flavigny*.
7. V. Documents, *archiprêtré du Bois-Ste-Marie*.

à Nolay, par le président Durey [1] ; à Clomot et à Arconcey, par Mme Jeanne Hubert [2] ; en 1767, à Bonnotte, par Etienne Mathieu [3] ; en 1760, à Saint-Sernin-du-Bois, par J.-B. Augustin de Salignac-Fénelon ; en 1772, à Cussy-la-Colonne, par Étienne Quarré d'Aligny [4] ; au Vaux-Donjon, par la générosité d'un ancien conseiller au Parlement [5] ; en 1786, à Puligny et en 1788, à Vignolle, par Mᵐᵉ la marquise d'Agrain. [6]

La plupart de ces actes de fondations particulières ont disparu, à l'exception du dernier qui nous permet d'apprécier les sentiments des fondateurs et le régime des établissements de ce genre. Nous en ferons donc connaître les principales dispositions. Par acte reçu Latour, notaire à la résidence de Puligny, la marquise d'Agrain « désirant pourvoir à la subsistance des pauvres malades de sa paroisse de Puligny et à l'instruction gratuite des jeunes filles, veut qu'il soit établi, en faveur des pauvres des seigneuries de Puligny et Mypont, une sœur de charité à perpétuité pour tenir une école gratuite pour l'instruction des jeunes filles de ladite paroisse et en soigner les malades. »

D'après l'article 4 de cette fondation, la sœur « doit être présentée au seigneur de la paroisse, qui aura le droit de la nommer, par M. le curé de Puligny et les représentants de la communauté. »

L'article 6 stipule que « cette sœur sera logée gratuitement dans la maison construite des deniers des pauvres de Puligny, et notamment d'une somme de 1,500 l. à eux léguée pour cet objet, par M. Joseph Muzard, desservant de Colombier, laquelle maison sera spécialement affectée pour le logement à perpétuité de ladite sœur. »

1. V. Documents, *archiprêtré de Couches.*
2. V. Documents, *archiprêtré de Saulieu.*
3. V. Documents, *archiprêtré de Duesmes.*
4. V. Documents, *archiprêtré d'Arnay.*
5. V. Documents, *archiprêtré de Vézelay.*
6. V. Documents, *archiprêtré de Beaune.*

L'article 9 déclare que « l'état des meubles et effets, qui sont dans cette maison et qui ont été fournis par la charité des seigneurs et autres personnes bienfaisantes, sera joint à la minute de la présente dotation. »

Dans la pensée de la fondatrice, cet établissement n'est en quelque sorte que le germe d'une œuvre qui recevra son complet développement du zèle que les habitants eux-mêmes apporteront à s'y associer : « Pour remplir ces deux objets (l'instruction gratuite des jeunes filles et le soin des malades), il sera donné un contrat de cinq mille livres de principal sur la province de Bourgogne, sous la rente de deux cent cinquante livres, par Mme la marquise d'Agrain, qui, dans ce moment, ne peut que commencer un établissement aussi utile, mais qui ne se bornera pas à ce don, surtout si sa charité est secondée par des personnes animées du même zèle qu'elle pour l'éducation chrétienne et le soulagement des pauvres malades. »

Cette invitation au concours de tous est encore plus spécialement formulée dans l'article suivant : « Ladite œuvre sera régie par le seigneur ou son représentant, M. le curé et deux habitans choisis par la communauté. Ils useront de tous les moyens de persuasion pour engager les habitans à perfectionner et à accroître l'établissement; ils y réussiront en rendant sensible aux pères de famille l'utilité de l'instruction pour leurs enfans et des soins pour les malades. Madame d'Agrain a une entière confiance dans les effets que leurs exhortations pourront produire, et elle se flatte qu'une œuvre à laquelle elle n'a pu suffire selon ses désirs s'accroîtra par les legs des âmes pieuses qui voudront s'y associer. »

Le 9 janvier suivant, l'assemblée générale « convoquée au son de la grosse cloche et composée des principaux habitans faisant la majeure et plus saine partie de la communauté », se réunit pour édicter le règlement organique qui devait assurer le fonctionnement régulier de cette fondation. Nous reproduirons seulement les articles qui concernent l'école.

L'article 24 prescrit qu'il sera payé à la sœur « par quatre termes égaux par avance une pension réglée entre elle et le bureau, qui ne pourra excéder la somme de deux cents l. sans rétention quelconque. »

L'article 28 imposait aux sœurs de charité l'obligation de tenir « une école publique pour les jeunes filles de la paroisse sans qu'il puisse jamais leur être permis d'y admettre des garçons. Leur premier soin sera de bien apprendre les prières et le catéchisme du diocèse, à lire, écrire, compter et même à travailler. Elles seront exactes à entrer dans leurs écoles aux heures qui auront été réglées et elles ne pourront s'y faire remplacer qu'en cas de nécessité, et par une personne agréée.» Les maîtresses « recommanderont à leurs écolières l'exactitude à se rendre aux écoles aux heures marquées, soit en été, soit en hiver, mais elles recevront avec bonté pendant tout le cours de la journée celles qui pour de bonnes raisons n'auraient pu s'y rendre et qui leur apporteront leurs excuses. »

Les articles 32 et 33 permettaient de recevoir des pensionnaires dans la maison : « On pourra permettre aux sœurs de tenir des pensionnaires dans la maison de charité où les filles de la paroisse seront admises par préférence au prix de la pension qui sera réglé par le bureau, et les filles étrangères ne pourront y être reçues qu'au défaut de celles-ci et par une permission expresse. Lorsque les sœurs auront des pensionnaires, elles les occuperont par les exercices qui seront déterminés par le bureau, soit pour la piété ou pour le travail; elles seront faciles à admettre à ces exercices les écolières externes qui s'y présenteront; elles inspireront à toutes celles qui seront confiées à leurs soins le goût de la vertu et de la modestie, elles les formeront toutes également à la connaissance, à l'amour et à la pratique de la religion. »

D'après l'article 35, le curé devait visiter souvent l'école « et prescrire les mesures qu'il croira nécessaires et les moyens qu'il jugera les plus efficaces pour procurer l'avancement des élèves. »

Parmi les articles qui concernent le soin des malades et des pauvres, il convient de signaler celui qui exclut formellement de toute assistance « ceux qui négligeront d'envoyer leurs enfans aux écoles [1]. » Clause remarquable, qui fait de l'assistance la récompense du zèle pour l'instruction.

Il y avait dans ce mouvement, dû au sentiment chrétien plus qu'à l'esprit philosophique du dernier siècle, une tendance heureuse et susceptible de devenir féconde. Où se serait arrêté cet élan qui, plus secondé par le pouvoir civil, pouvait avoir le résultat, seulement entrevu, d'étendre à toutes les paroisses le bienfait d'une instruction vraiment gratuite? Nul ne le sait. L'occupation violente et sans discernement des biens ecclésiastiques, leur emploi contraire à l'intention des donateurs, la dissipation d'un patrimoine considérable dont une faible partie eût suffi pour doter largement les services communaux et pour exonérer le présent et l'avenir des charges sous lesquelles fléchissent les contribuables, tout tendit à comprimer ce généreux mouvement. Le spectacle d'un tel gaspillage et l'inutilité de tant d'efforts étaient en effet bien propres à tarir dans les âmes le sentiment du devoir si la charité eût pu jamais connaître le découragement et le dégoût.

V

Après avoir reconnu l'action créatrice de l'Église sur l'instruction primaire, le concours de l'État destiné à valider les engagements contractés et à en assurer l'exécution, le secours

---

1. D'après les titres originaux conservés dans les archives de la fabrique de Puligny, qui nous ont été très obligeamment communiqués par M. Clémencet, curé de Puligny.

prêté par les particuliers dans le but d'étendre l'enseignement, soit en le prenant à leur charge, comme certains fondateurs d'école, soit en le distribuant eux-mêmes, comme les membres des congrégations enseignantes, il nous reste à déterminer les formes que cette triple action donna à son œuvre et à apprécier ses résultats. En un mot, quelle situation tant de coopérateurs divers donnèrent-ils à l'instruction primaire dans notre pays? quel caractère lui imprimèrent-ils? quelle fut la conséquence de tous ces efforts?

Si le but était, comme aujourd'hui, de procurer au plus grand nombre le bienfait des connaissances nécessaires, les moyens de l'atteindre s'éloignaient singulièrement de ceux qui ont prévalu dans notre temps. On peut même dire que jamais but plus identique ne fut poursuivi par des voies plus dissemblables.

L'esprit public n'était pas façonné à cette idée qu'un intérêt aussi direct et aussi immédiat que l'enseignement pût avoir un caractère général et à ce titre émaner d'un pouvoir aussi abstrait et aussi éloigné que l'État et être régi par lui. L'instruction était regardée comme la chose propre des seuls intéressés : comme une simple question d'affouage ou mieux comme une propriété communale qu'ils pouvaient cultiver ou laisser en friche à leur gré. Cette notion eut pour effet d'imprimer à l'instruction primaire un caractère d'individualisme très prononcé, de la laisser entièrement entre les mains des communautés de campagne, qui la formèrent à leur image, et de donner à la profession de maître d'école la situation d'une industrie privée dont les intérêts réciproques réglaient seuls l'exercice. En effet, en dehors du contrôle de l'Église, juge de l'aptitude, de la doctrine et des mœurs, et du concours de l'État comme garant des engagements contractés, la profession de maître d'école était absolument libre et ouverte; c'est-à-dire que nulle autorité, autre que celle des parties intéressées, n'intervenait dans la fixation des résidences, la durée du séjour et le chiffre des émoluments, que tout était abandonné à l'activité privée et au consentement mutuel des contractants : le

choix de la paroisse laissé au maître, comme celui du maître
à la paroisse.

Un seul lien commun à tous les maîtres, celui de l'institution qu'ils tenaient de l'évêque ; un seul terrain commun,
celui du règlement diocésain qui présidait au régime de toutes
les écoles. Pour tout le reste, la liberté la plus absolue était
laissée aux communautés et aux maîtres de fixer leur convention selon leur propre inspiration, leurs ressources et leurs
exigences. Cette latitude, on le croira facilement, eut pour
résultat d'introduire une variété extrême dans la condition des
maîtres et de donner à chaque école une physionomie dis-
tincte, qui était, à dire vrai, celle de la communauté : aussi,
à peine l'une ressemblait-elle à l'autre.

Nous laisserons en dehors de cet examen les écoles qui étaient
dirigées par les membres des congrégations enseignantes et
celles qui étaient le fruit de fondations particulières et dont
il a été abondamment traité plus haut. Entièrement gratuites,
elles étaient soutenues soit au moyen des dotations apportées
par les religieuses au jour de leur consécration à Dieu, soit
par les revenus fournis par les fondateurs qui conservaient le
patronage de leur œuvre. C'est assez dire qu'elles échappaient
complétement au contrôle des communautés qui n'avaient
à leur égard d'autre droit que celui d'y envoyer gratuitement
leurs enfants. Dans toutes les autres paroisses, et c'était de
beaucoup les plus nombreuses, l'école était l'affaire propre
des habitants. La première condition était de comprendre l'utilité de l'instruction et, malgré son insistance et ses sollicitations, l'autorité ecclésiastique ne rencontrait pas toujours la
bonne volonté nécessaire : « Il n'y a point de maître d'école,
lisons-nous dans le procès-verbal de visite de la paroisse
d'Ouroux-en-Morvan, en 1687 ; il y en a eu un, mais les
paroissiens n'ayant pas voulu contribuer à son entretien, il a
quitté. » La paroisse d'Ouroux comptait cependant plus de
mille *communiants*, suivant la formule alors en usage pour
évaluer le chiffre de la famille paroissiale.

Si la bonne volonté faisait défaut, ainsi qu'il arrivait souvent, le visiteur ne manquait pas de stimuler le zèle des intéressés et de lutter contre leur indifférence pour les biens de l'esprit ; il prenait alors des conclusions qui figuraient ainsi au procès-verbal : « Avons ordonné que les habitans s'assembleront incessamment, nommeront et entretiendront un maistre d'escole qui résidera en la paroisse, attendu qu'il nous a paru qu'il y a nombre de jeunes enfans qui n'ont pas l'instruction dont ils sont capables et qu'il y a nombre d'habitans suffisant dans la paroisse pour fournir à l'entretien dudit maistre [1]. » Même recommandation est faite pour les paroisses de Planché, de Chaumard, de Brassy, de Ruage, de Mehère, et pour bien d'autres.

La bonne volonté ne suffisait pas : le salaire du maître d'école étant *entièrement* à la charge des paroissiens, il fallait encore que ceux-ci fussent en état de pourvoir à cette dépense, ce qui n'arrivait pas toujours. « Nous n'avons pas trouvé de maître d'école, dit le docteur Bérardier, archiprêtre de Beaune, dans sa visite de la paroisse du Vernoy, en 1704, ce qui porte un tort préjudiciable aux enfans qui ne sont pas instruits ; les habitans s'excusent de ce qu'ils n'en ont point sur la misère des tems. » [2]

Même observation à propos de la visite de la paroisse de Martrois, en 1681 : « Il n'y a point de maistre d'escole à cause de la pauvreté du lieu [3]. » Cette remarque, comme un mélancolique refrain, termine un grand nombre de procès-verbaux de visite.

Après la bonne volonté et la possession des ressources nécessaires, la troisième condition était de trouver un maitre d'école. On s'en procurait un peu de partout : c'était souvent un enfant du pays, quelquefois même un véritable paysan,

---

[1]. Visite faite à Arleuf (archiprêtré d'Anost), en 1700, par Claude-Nicolas de Bart, archidiacre d'Avallon. (Arch. de l'évêché d'Autun.)

[2]. Visite de l'archiprêtré de Beaune. (Arch. de l'évêché d'Autun.)

[3]. Visite de l'archiprêtré de Pouilly. (Ibid.)

comme à Chastellux, en 1760, qui se dévouait à la rude besogne
d'enseigner ceux qui étaient plus ignorants que lui ; ailleurs,
on retenait à son passage un pauvre étranger qui arrivait des
diocèses voisins, de Nevers, d'Auxerre, de Picardie, et jusque
du pays de Cambrésis. Souvent enfin on n'en trouvait pas
du tout. Durant le cours de leurs visites périodiques, les
archidiacres le constatent ingénument : « Il n'y a point de
maistre d'école, écrit le visiteur de la paroisse de Corcelle-les-
Arts, en 1690, et il est difficile d'en avoir [1]. » Il en était de
même dans la paroisse de Montagny : « Il n'y a point de
maistre d'école et on n'en peut avoir [2]. » Quelquefois, chose
plus triste à constater, ce n'était pas le maître d'école qui
manquait : c'étaient les écoliers qui faisaient défaut, comme
à Billy, à Pouillenay, à Châteauneuf, où l'on n'envoyait pas
les enfants chez l'instituteur « crainte de le payer. » [3]

Tous les maîtres d'école, sans aucune exception, appartenaient à l'état laïque. On s'étonnera peut-être qu'une société
aussi complétement inspirée par les sentiments chrétiens ait
ainsi laissé l'instruction primaire entre des mains exclusivement laïques. Mais les écoles étaient encore si peu en lumière
et si exclusivement abandonnées à l'initiative paroissiale que
leur obscurité même les dérobait à l'action du zèle religieux.
Et d'ailleurs, quel besoin l'Église, dont les moyens de défense
naissent et croissent avec les périls qui la menacent, avait-elle
d'auxiliaires prématurés ? Il n'existait alors, entre l'Église et
l'École, nulle trace de ce funeste antagonisme qui depuis a
exercé de si grands ravages dans la société : détestable guerre
civile qui en a préparé tant d'autres ; déchirement de cette
terre promise à la religion et à la science : l'âme de l'enfance,
devenue ainsi l'enjeu d'une lutte impie. L'union parfaite, le
concours réciproque et assidu qui existaient entre les éduca-
teurs de la jeunesse, cette confiance qui résulte d'un but

1. Visite de l'archiprêtré de Beaune. (Arch. de l'évêché d'Autun.)
2. Id. Ibid.
3. V. Documents; archiprêtrés de Duesme, Pouilly et Flavigny.

poursuivi en commun, rendaient inutile l'usage d'institutions destinées plus tard à maintenir les principes chrétiens de notre civilisation.

Les laïques, voués à l'enseignement, formaient, dans le diocèse, une corporation ou *communauté des recteurs d'école et maîtres écrivains*, qui portait, suivant le témoignage de d'Hozier, *d'azur à trois fasces d'argent* [1]. Cette corporation ne nous est connue que par l'*Armorial* de 1696.

Cette condition laïque se présentait également, quoique d'une façon moins absolue, parmi les maîtresses d'école dont le nombre était d'ailleurs assez restreint.

Il ne paraît pas que les congrégations enseignantes aient compté plus de quinze ou seize maisons dans l'ancien diocèse d'Autun et, soit qu'elles fussent encore peu préparées à l'œuvre de l'éducation populaire, soit pour tout autre motif, il ne semble pas que les chefs diocésains se soient montrés très favorables à leur intervention. C'est au moins ce qu'on peut conclure du procès-verbal de visite de la paroisse de Paray, en 1689, dans lequel l'archiprêtre remarque que « les religieuses Ursulines enseignent les petites filles qui n'y profitent pas beaucoup et qui font mieux ailleurs soubs des filles sages qui s'en meslent pour gagner quelque argent. »

En dehors de ce petit nombre d'établissements, l'office de maîtresse d'école était rempli le plus souvent par la femme, la fille du maître ou par tout autre membre de sa famille. Quand on n'en pouvait trouver, et le cas était fréquent, le maître faisait deux classes séparées pour se conformer au règlement diocésain qui prohibait absolument l'enseignement mixte. Mais plus souvent encore, malgré les représentations des archidiacres et des archiprêtres, le règlement demeurait inexécuté et le maître enseignait en même temps les filles et les garçons.

1. *Armorial de la ville d'Autun*, etc., par Harold de Fontenay, p. 20 ; Autun 1 vol. in-8°, 1868.

Le maître d'école était choisi par l'assemblée générale des chefs de famille, qui fixait, d'un commun accord, les conditions du contrat. L'élection se faisait à la pluralité des suffrages, en présence d'un officier public qui en dressait acte.

Ces élections donnaient quelquefois lieu à de très vives protestations qui étaient adressées à l'évêque et à l'intendant. En 1777, un nommé Edme Caillat ayant été élu recteur d'école de la paroisse de Trévilly, treize habitants, mécontents du choix qui avait été fait, adressèrent une protestation à l'archidiacre d'Avallon, alléguant que l'élection avait été faite « par surprise », que l'élu avait subi plusieurs condamnations qui le rendaient indigne d'exercer les fonctions de recteur d'école, qu'enfin il manquait de la capacité nécessaire, terminant ainsi leur réclamation : « Nous vous prions de ne vouloir point recevoir ce sujet, car l'instruction manque trop à nos enfans et il est impossible qu'une bête remonte à d'autres [1]. » A l'exposé de ces griefs, l'archidiacre suspendit son approbation. De son côté, le curé de Trévilly se plaignit non moins vivement du retard apporté à l'institution de l'élu, prétendant que « le particulier qui a formé ses plaintes n'a agi que parce que lui-même n'étoit pas choisi pour recteur. » Cette controverse dont le dénoûment ne nous est pas connu, prouve qu'au moins en matière d'enseignement, le suffrage universel n'était pas dénué d'inconvénients.

Certaines communautés apportaient une grande circonspection dans le choix de leur recteur d'école ; d'autres, au contraire, agissaient avec une légèreté qui était la cause de graves embarras. Ainsi, nous lisons dans un mémoire de 1780 qu'en 1778, la communauté d'Auxey avait refusé, « sur l'examen du sieur curé et de quelques habitans », de confier les fonctions de recteur à un nommé Jacques Vollot, qui s'était présenté pour les remplir, tandis que celle d'Ivry, moins circonspecte, avait traité avec lui et l'avait reçu sans examen. Cette

1. Arch. de l'évêché d'Autun. Archiprêtré d'Avallon.

communauté, « bientôt désabusée », ayant reconnu son erreur,
les cinquante chefs de famille dont elle se composait, ne s'inspirant que « du désir de l'avancement des enfans », avaient,
d'une voix unanime, invité Jacques Vollot à cesser ses fonctions. Ils lui avaient adressé une sommation « motivée sur
son ineptie, sur ce qu'il ne savait ni lire ni chanter et s'at-
tirait le mépris de ses écoliers qu'il ne savait pas contenir »,
et en même temps ils s'étaient hâté de conclure une autre
convention avec un nouveau recteur. Mais le premier, fort de
son droit, avait refusé d'obéir et, sans crainte du scandale
qui pouvait en résulter, « il avait été assez téméraire » pour
expulser violemment du pupitre paroissial le successeur que
la communauté avait élu. Ce recteur, si légèrement choisi, ne
consentit à s'éloigner qu'après le paiement d'une indemnité
dont le chiffre fut fixé par l'intendant [1]. C'est ainsi que les
communautés apprenaient, parfois à leurs dépens, à mettre
plus de prudence dans une affaire de cette importance.

Cette liberté dans le choix des recteurs d'école troublait
quelquefois très gravement la paix des communautés et la
bonne harmonie était difficile à rétablir. En 1782, la majorité
des habitants de Volenay se prononça contre le maintien du
recteur d'école, à cause de son grand âge, et lui choisit un
successeur. La minorité, au contraire, prétendit le conserver
et pendant plusieurs mois les deux recteurs se partagèrent les
écoliers comme ils s'étaient partagé la faveur des habitants.
Mais la paix et la discipline furent profondément troublées :
les disciples de l'ancien maître prirent pour nom de guerre
les Français ; ceux du nouveau s'appelèrent *les Anglais.*
L'acharnement des partis rappelait les haines ardentes des
peuples rivaux dont ils avaient adopté les noms ; dans le
sanctuaire, on se disputait la possession du lutrin et, dans les
rues, les écoliers en venaient aux mains tandis que leurs
parents s'injuriaient. Heureusement, cette guerre ne fut pas

---

1. Archives de la Côte-d'Or, C 924.

une autre guerre de cent ans : au mois de juin, les habitants
s'entendirent pour obtenir la retraite des deux concurrents et
d'un commun accord ils firent choix de Joseph Daumas, jeune
homme plein de zèle, de piété, d'intelligence et de dévouement, type complet et attachant des recteurs d'école de cette
époque. Il était arrivé à Volenay au milieu d'un orage : il en
sortit quelques années après au milieu d'une tempête. Le
10 août 1793, quand toute la population fut réunie sur la
place publique pour la prestation du serment révolutionnaire,
Joseph Daumas, recteur d'école depuis 1782 et secrétaire de
la municipalité depuis 1792, refusa de le prêter : je préfère,
dit-il, la mort au serment, et, malgré les sollicitations de
quelques amis et les menaces de quelques autres, il quitta l'assemblée sans qu'il fût possible de le faire revenir sur sa résolution. Informé du décret d'arrestation qui avait été immédiatement décerné contre lui, il ne fit que paraître dans sa
maison pour embrasser sa femme et ses petits enfants et leur
annoncer qu'il était contraint de fuir pour sauver sa liberté et
sa vie [1]. Nous ignorons si sa conduite trouva beaucoup d'imi-
tateurs, mais elle est digne d'être citée comme un exemple des
sentiments courageux et chrétiens qui animaient à cette époque
les recteurs d'école. La retraite de cet homme de bien, ajoute
l'historien de Volenay auquel nous empruntons ces détails, fut
un malheur pour la paroisse dont il était l'honneur par la sain-
teté de ses mœurs et son zèle pour l'éducation. Son départ fut
suivi de la vente, comme bien national, de la maison où se
tenait l'école et qui appartenait à la confrérie du Saint-Sacre-
ment.

Telles furent les circonstances au milieu desquelles dispa-
rurent la plupart de ces anciennes écoles dont le rétablissement,
sous une forme nouvelle, demanda plus tard tant de temps,
d'efforts et de sacrifices.

Ces élections avaient souvent lieu à la suite d'un concours,

[1]. *Histoire de Volenay*, par M. l'abbé E.-B. Beaune, 1870, p. 137.

après lequel les habitants choisissaient le candidat qui s'était le plus distingué. [1]

Le système électif avait l'inconvénient de placer les recteurs-d'école, à l'égard des communautés, dans une réelle dépendance, mais il était cependant assez rare que celles-ci abusassent de leur droit : « Il faut, écrit l'intendant, en 1780, que les recteurs d'école dépendent des habitans qui les paient, mais il est rare qu'une paroisse s'élève contre un recteur sans motif » [2]

Les conventions passées entre les communautés et les recteurs d'école déterminaient avec soin la durée de l'engagement contracté. Elles variaient beaucoup entre elles à cet égard. Quelquefois elles étaient précédées d'une sorte d'essai ou de noviciat qui permettait ensuite aux parties de s'engager en meilleure connaissance de cause. Ainsi, en 1780, les habitants de Gerland avaient pris, à l'essai, un recteur d'école au prix de 100 livres, et en 1781 ils passèrent avec lui un traité pour une durée de neuf années, au prix de 150 livres par an [3]. Le plus souvent, les conventions étaient faites pour 3, 6 ou 9 années. Elles étaient ensuite renouvelées ou continuées par tacite réconduction. Quelquefois un recteur d'école exerçait dans la même communauté pendant seize ans, vingt-quatre ans, trente-six ans ; en 1787, Jean Lamy était recteur d'école à Grignon depuis cinquante ans [4]. Un aussi long service créait entre les recteurs et les communautés des liens que la vieillesse et les infirmités ne déliaient pas. Ainsi, en 1767, quoique le recteur d'école de Corgoloin, qui exerçait depuis trente ans dans cette communauté, eût atteint l'âge de 71 ans, les habitants voulaient renouveler sa convention, « à raison du talent qu'il a d'instruire la jeunesse »; ce renouvellement n'ayant pu s'opérer, « plusieurs et des plus notables de la

1. Archives de la Côte-d'Or, C 947.
2. Id. C 924.
3. V. Documents, *archiprêtré de Nuits*.
4. V. Documents, *archiprêtré de Touillon*.

communauté voudroient qu'en le remerciant, à l'expiration de
son terme, il leur fût permis de lui faire une pension viagère [1]. » Souvent, les communautés trouvaient moyen de
témoigner au père leur reconnaissance en lui donnant son fils
pour successeur : c'est ce que firent en particulier les habitants d'Antigny-la-Ville, d'Argilly, de Villaines-en-Ducs-
mois, etc.

Les documents que nous avons consultés ne contiennent en
général qu'une analyse assez courte des conventions passées
entre les communautés et les recteurs d'école : ils n'indiquent
guère avec précision que le chiffre des émoluments et la
durée de l'engagement. Ils contiennent cependant parfois certaines clauses intéressantes à citer, spécialement sur la part
qui était faite à l'admission gratuite des enfants. La gratuité
complète n'existait que dans les écoles dirigées par les congrégations enseignantes ou dans celles qui avaient été fondées
par certains particuliers. Dans les autres, qui étaient à la
charge des communautés, les écoliers étaient soumis à une
rétribution scolaire qui variait avec l'étendue de l'enseignement. Dans le plus grand nombre des cas, cette rétribution
était moindre pour les enfants des simples journaliers et des
femmes veuves que pour ceux des cultivateurs aisés. Elle faisait place quelquefois à une gratuité complète en faveur des
enfants pauvres. Ainsi, la convention passée, en 1746, entre la
communauté de Pommard et son recteur d'école, porte que
« les pauvres orphelins sans bien, seront instruits gratis, au
nombre de cinq à six [2]. » A Villebichot, le recteur devait
enseigner gratuitement six enfants pauvres [3]; à Villeberny,
il devait en recevoir douze [4]. A Corgoloin et à Chambolle,
l'école s'ouvrait gratuitement deux jours par semaine en
faveur des indigents. Quant à l'enseignement, il comprenait

1. V. Documents, *archiprêtré de Beaune.*
2. Id. *ibid.*
3. V. Documents, *archiprêtré de Nuits.*
4. V. Documents, *archiprêtré de Flavigny.*

communément la lecture, l'écriture, le catéchisme du diocèse, l'arithmétique et le chant. La lecture ne se bornait pas à l'étude de l'alphabet et du texte imprimé : elle s'étendait aussi au manuscrit, et les maîtres devaient apprendre à lire, ainsi qu'on disait alors, *en procès*, c'est-à-dire à déchiffrer couramment « les pièces de procédure les plus difficiles. » [1]

Les conventions passées entre les communautés et les recteurs d'école sont généralement rédigées dans un style élevé et convaincu qui témoigne de l'intelligence et du zèle que les populations portaient à l'instruction et à l'éducation chrétienne de leurs enfants. En 1782, les habitants d'Aignay-le-Duc se plaignent à l'intendant que par suite de l'inconduite et de l'incapacité de leur recteur d'école, « ils se sont vus forcés depuis plusieurs années de placer leurs enfans dans des pensions étrangères pour leur procurer les premiers principes de l'écriture et de la lecture, et ils remontrent qu'il étoit bien dur à des pères de famille, pour donner l'éducation qu'ils *doivent* à leurs enfants, de les expatrier à grands frais pour leur procurer ces principes, et se priver de la satisfaction de les voir élevés sous leurs yeux », et ils concluent « qu'il soit fait les diligences nécessaires pour se procurer un recteur d'école intelligent et qui auroit les talens de cet état. » [2]

Le traité passé en 1746, entre les habitants de Pommard et leur recteur d'école, fait encore mieux connaître les sentiments qui avaient cours en matière d'éducation. Il est prescrit au maître d'enseigner « les enfants avec douceur et charité, sans les traiter durement et par colère, comme par des soufflets, coups de poings, ce qui ne tend qu'à les rendre stupides et hébétés, et enfin à les rebuter, n'usant pour les corriger, lorsqu'ils l'auront mérité, que de la verge ou autrement du robinet, mais toujours sans passion et avec modération.....; de ne donner aucun mauvais exemple aux enfants, ni par ses

1. V. Archives de la Côte-d'Or, C 947, Pommard.
2. Arch. de la Côte-d'Or, C 1026.

paroles ni par ses actions, rien n'étant plus précieux ni plus
important que la bonne éducation de la jeunesse qui est la plus
sainte portion du troupeau de Jésus-Christ [1]. » Enfin, parmi
les plus touchants de ces usages disparus, nous citerons celui
de faire chanter l'épitre, à la messe paroissiale du dimanche,
en présence de toute la communauté assemblée, par l'enfant
qui avait acquis l'aptitude suffisante, afin que chacun pût ainsi
donner à son tour un témoignage public de son premier pas
dans la voie des connaissances nécessaires. Cette circonstance
était l'occasion d'une fête de famille qui réunissait tous les
parents et amis à la même table et dont l'enfant était le
héros. [2]

Parmi les attributions imposées aux recteurs d'école, nous
devons aussi citer celle d'écrire les rôles de tailles et d'impôts,
les délibérations des assemblées et de faire en un mot l'office
« de secrétaire de la communauté. » [3]

La convention, ainsi rédigée en présence d'un officier
public, était soumise à l'approbation de l'intendant qui la ren-
dait exécutoire en l'homologuant. Toutefois, avant de prononc-
cer l'homologation, ce magistrat exigeait que le recteur d'é-
cole produisit l'institution ou licence d'enseigner, accordée
par l'évêque après examen et s'il y avait lieu.

En dehors de l'examen subi en présence de l'évêque ou de
ses délégués, les communautés tenaient encore à s'assurer par
elles-mêmes de l'aptitude de leur maitre d'école. Ainsi, en
1770, Vivant Lamotte, recteur de l'école de Bourbon-Lancy,
s'étant présenté devant les échevins, « observa que s'étant
perfectionné dans l'art d'écrire par un travail assidu, il prie
MM. les magistrats et habitans de le dispenser de tenir un
maitre d'écriture, qu'il s'étoit soumis à tenir, attendu qu'il
n'avait pas pour lors une assez bonne main. On lui fait écrire

1. Arch. de la Côte-d'Or, C 947.
2. Id. ibid.
3. V. Documents, *archiprêtré de Nuits.*

un modèle qui est reconnu convenable et sa demande est accordée [1], » Les archives départementales de la Côte-d'Or renferment plusieurs de ces modèles d'écriture produits par les candidats : ils sont une preuve à la fois d'une habileté de main qui n'a guère été dépassée depuis et de la prudence des communautés à ne s'engager qu'en bonne connaissance de cause.

Nous avons énuméré plus haut les différentes sources du traitement des recteurs d'école et ses formes variées que l'administration française tendit sans cesse et réussit à convertir partout en une imposition spéciale ajoutée au marc la livre de la contribution de chacun. La valeur de ce traitement fixe, produit par l'imposition, était très variable, suivant la richesse et le chiffre de la population des communautés : ici, de 40 livres, ailleurs de 300; on pouvait en moyenne l'évaluer à 120 l., qui était le chiffre le plus communément adopté. On constate du reste une progression constante dans la valeur des traitements. Ainsi, à Corberon, le salaire du recteur d'école était de 80 l. en 1761, de 100 l. en 1775, de 124 l. en 1782 ; à Flagey, de 60 l. en 1769, de 120 l. en 1775, de 180 l. en 1781 ; à Blancey, de 60 l. en 1771, de 120 l. en 1782 ; à Gilly, de 90 l. en 1760, de 216 l. en 1787 ; à Villers-la-Faye, de 80 l. en 1767, de 150 l. en 1784 ; à Argilly, de 130 l. en 1771, de 160 l. en 1781 ; à Voudenay, de 100 l. en 1759, de 150 en 1766 ; à Pouillenay, de 139 l. en 1784, de 156 l. en 1789 ; à Sainte-Sabine, de 80 l. en 1763, de 100 l. en 1780 ; à Ivry, de 90 l. en 1763, de 100 l. en 1771, de 150 l. en 1778 ; à Bellenot, de 60 l. en 1763, de 90 l. en 1789, etc.

Les intendants tentaient quelquefois de mettre un frein à cette progression, mais ils étaient obligés de reconnaître que la législation ne leur donnait aucun droit à cet égard et que les communautés étaient libres « d'adjuger aux maîtres d'école tels gages que de raison, selon les circonstances. » [2]

1. V. plus loin, Documents.
2. V. Arch. de la Côte-d'Or, C 924.

Au produit de cette imposition s'ajoutait toujours celui des
mois des écoliers et du service de l'église, dont la valeur, très
variable et que nos documents n'indiquent pas, ne peut être
appréciée ici. A Pommard, les mois des écoliers étaient ainsi
réglés : « Ceux qui commencent à lire donneront chacun
3 sols ; les plus avancés qui liront par dessus et apprendront
à lire en françois, chacun 4 sols ; 5 sols quand ils commence-
ront à écrire ; 6 sols quand ils apprendront à lire en procès ;
8 sols quand outre ce que dessus ils apprendront l'arithmétique, et 10 sols quand ils apprendront le plain-chant. »
A Chambolle, l'ensemble de ces différents casuels montait à
440 l. par an en 1792. [1]

Dans quelques cas, comme à Auxey-le-Grand, à Lucy-le-
Bois, à la Roche-en-Breny, à Villebichot, à Rouvre, à
Maconge, à Chambolle, à Volnay et ailleurs, le traitement
était en grande partie supporté par les fabriques et par les
confréries locales. A Dornecy, le recteur d'école avait la jouissance de trente-six journaux de terre appartenant à la
confrérie de la Sainte-Vierge.

Enfin, plusieurs communautés fournissaient le logement ou
payaient une indemnité pour en tenir lieu. Il est souvent question de la *maison rectorale.* En 1784, les habitants de Genaix
étaient indécis au sujet de la construction d'une horloge ou
d'une maison rectorale. Le subdélégué de Semur, M. Gue-
neau de Mussy, leur représenta « que la maison rectorale est
encore plus essentielle que l'horloge, en ce qu'elle servira à procurer plus aisément un recteur d'école qui, bien choisi, aura
une heureuse influence sur une nombreuse population [2]. » Les
habitants de Genaix suivirent ce conseil et construisirent une
maison rectorale dont le devis montait à 2,301 l. En 1786, la
communauté de Frolois fit également construire une maison
rectorale qui coûta 3,278 l. [3]

1. V. Documents, *archiprétré de Nuits.*
2. V. Documents, *archiprétré de Semur.*
3. V. Documents, *archiprétré de Duesme.*

La convention passée, en 1780, entre les habitants de Villebichot et leur recteur d'école, porte que celui-ci aura « 180 l.
de gages annuels, plus un logement gratis, et que, dans le
cas que la maison que les habitans font bâtir et qu'ils destinent à ce recteur, ne lui conviendroit pas, ils se sont obligés
à lui payer une somme de 40 l. pour lui tenir lieu de logement. » [1]

Ainsi, grâce à l'action incessante et persuasive de l'Église,
un grand nombre de communautés avaient elles-mêmes, spon-
tanément et sans contrainte, établi des écoles dont l'État avait
assuré le fonctionnement régulier. A combien s'est élevé le
nombre de ces écoles ? c'est ce qu'il nous reste à évaluer.

Ainsi qu'il résulte d'un mémoire manuscrit, rédigé en 1652,
par l'évêque, M. Doni d'Attichy, « le diocèse d'Autun est de très
grande estendue, contenant non-seulement plus des deux tiers
du duché de Bourgogne, mais encore une bonne partie de la
province de Nivernois et de celle du Bourbonnois, mesmement
la ville de Moulins, capitalle d'icelle, et plusieurs paroisses
dans le Masconnois, Lyonnois et dans la Champagne [2]. » Ce
vaste territoire qui s'étendait inégalement sur les départe-
ments de Saône-et-Loire, de la Côte-d'Or, de l'Yonne, de la
Nièvre, de l'Allier, de la Loire et du Rhône, comprenait six
cent cinquante-sept paroisses réparties entre vingt-cinq archiprêtrés. Malheureusement, la défaillance des documents ne
nous a pas permis d'étendre notre enquête au diocèse entier.
Il n'a été possible d'embrasser, avec quelque suite, que les
quatorze archiprêtrés d'Arnay-le-Duc d'Avallon, de Beaune,
de Corbigny, de Couches, de Duesmes, de Flavigny, de Nuits,
de Pouilly-en-Auxois, de Saulieu, de Touillon et de Vézelay,
présentant un total de trois cent quatre-vingt-deux paroisses,
soit plus de la moitié de l'ancien diocèse d'Autun.

D'après les documents qui sont reproduits plus loin, comme

---

1. V. Documents, *archiprêtré de Nuits.*
2. Arch. de l'évêché d'Autun.

preuve de nos assertions, l'archiprêtré d'Arnay-le-Duc, sur un total de *trente-trois* paroisses, comptait vingt-huit maitres et deux maitresses d'école, en tout *trente écoles ;* seules, les paroisses d'Aubaine, de Joursanvaux, de Vic, de Champignolle et de Veilly n'en possédaient pas.

Dans l'archiprêtré d'Avallon, qui comprenait *vingt-huit* paroisses, on trouve *vingt-sept* écoles, en comprenant dans ce nombre les Ursulines d'Avallon qui donnaient l'enseignement gratuit aux filles.

L'archiprêtré de Beaune, l'un des plus peuplés du diocèse, comptait quarante-six paroisses rurales et quatre paroisses urbaines, en tout *cinquante* : parmi les premières, nous trouvons trente-cinq écoles, et trois parmi les secondes, en tout *trente-huit.*

Nous ne possédons que très peu de documents relatifs à l'archiprêtré de Corbigny qui sur *vingt-une* paroisses ne nous fournit que *neuf* écoles, non compris Gâcogne et Cussy où l'instruction était donnée par le curé du lieu.

L'archiprêtré de Couches, composé de *vingt-deux* paroisses, comptait seulement sept écoles pour les garçons et deux pour les filles, en tout *neuf* écoles.

L'archiprêtré de Duesmes était formé de *vingt-sept* paroisses où nous trouvons *vingt-trois* écoles.

L'archiprêtré de Flavigny était un de ceux où l'instruction primaire était le plus répandue : sur ses *vingt-neuf* paroisses il comptait *vingt-neuf* écoles.

Dans l'archiprêtré de Nuits, sur *vingt-neuf* paroisses, on trouve *vingt-six* écoles.

L'archiprêtré de Pouilly-en-Auxois comprenait *vingt-trois* paroisses dans lesquelles on compte *vingt-un* recteurs d'école.

L'archiprêtré de Quarré-les-Tombes comptait *vingt-une* paroisses et *quatorze* écoles.

L'archiprêtré de Saulieu, sur *trente-deux* paroisses, présente un contingent de *dix-neuf* écoles.

L'archiprêtré de Semur-en-Auxois, qui comprenait *vingt-*

trois paroisses, possédait douze maîtres et une maîtresse d'é-
cole, en tout *treize* écoles.

L'archiprêtré de Touillon comptait *seize* paroisses et *seize*
maîtres d'école.

Enfin, sur *vingt-neuf* paroisses, l'archiprêtré de Vézelay avait
dix-huit maîtres et trois maîtresses d'école, en tout *vingt-un*,
non compris Asnières et Monceau où l'instruction était donnée
par le curé.

Ces chiffres donnent un total de deux cent quatre-vingt-
quinze écoles pour les trois cent quatre-vingt-trois paroisses
des quatorze archiprêtrés sur lesquels a porté notre étude.

Cette même proportion se retrouvait-elle dans les 275 autres
paroisses dont l'absence de documents positifs n'a pas permis
de déterminer la situation scolaire ? Je ne crois pas que ces
paroisses, situées à l'ouest et au sud du diocèse, principalement dans le Morvan, le Bourbonnais et le Charollais, aient
été aussi favorisées que les paroisses bourguignonnes. Nous
avons cependant recueilli, à l'égard de vingt et une d'entre
elles, un certain nombre de documents qui permettent de
croire que l'instruction primaire n'était pas étrangère à ces
contrées.

Choisis et rétribués par les paroissiens, acceptés et institués
par l'autorité diocésaine, les maîtres d'école demeuraient soumis à la juridiction spéciale des archidiacres. Cette juridiction,
tout à la fois répressive des abus et protectrice des personnes,
s'exerçait pendant le cours des visites périodiques du diocèse.
L'archidiacre devait s'informer avec soin de la bonne tenue de
l'école, de l'observation du règlement et de l'exécution du
contrat passé entre le maître et les habitants de la paroisse. Il
interrogeait en outre le maître et les écoliers pour s'assurer
de la capacité de l'un et du progrès des autres. Son autorité
trouvait d'ailleurs un concours efficace dans le représentant
du pouvoir civil dont l'action sur les communautés tendait
sans cesse à s'étendre et à devenir plus prépondérante. C'est
ainsi que, dans une ordonnance approbative de la convention

passée, en 1786, entre la communauté de Thorey-sur-Ouche et le recteur d'école, l'Intendant prend soin de stipuler « qu'il ne sera fait au recteur aucun paiement qu'en par lui justifiant d'un certificat du sieur curé et des principaux habitans, lequel constatera qu'il aura rempli ses fonctions exactement [1]. » En un mot, rien n'était négligé de ce qui, sur une base encore assez étroite d'action, pouvait contribuer à la propagation et à la garantie de l'enseignement primaire.

Est-ce à dire que tout fut parfait et digne d'être proposé en modèle comme un but atteint ? assurément non. Mais il y avait là une somme d'efforts spontanés, de sacrifices volontaires, de progrès persistants qu'il serait injuste de nier et qu'il convenait de mettre en lumière.

Tels sont les faits. Malgré la prolixité de leur exposition, il ne sera peut-être pas hors de propos de dire un mot des tendances qui paraissaient destinées à prévaloir, et de la solution que l'Église était conduite à donner au problème de l'instruction primaire, au moment où la Révolution vint lui ôter le pouvoir et le souci de le résoudre. Il semble que, s'inspirant des traditions et des procédés ecclésiastiques et faisant usage de tous les moyens que sa doctrine, ses coutumes et ses lois mettaient à sa disposition, le clergé eût été assez porté à faire de l'instruction primaire un devoir rigoureux, quelque chose comme une sorte de septième commandement de l'Église, obligatoire au même titre que les autres et dont l'accomplissement eût été imposé à toutes les consciences chrétiennes [2]. A une époque de foi et sous la seule sanction des peines spirituelles, l'obéissance au précepte de l'instruction n'aurait certainement pas rencontré plus d'obstacles que l'observation du précepte de l'abstinence. Dans les cahiers présentés aux États généraux de 1789, le clergé de France réclama l'établissement

1. Arch. de la Côte-d'Or, C 968.
2. V. le mémoire des curés de l'archiprêtré de Vézelay, cité plus haut.

d'un maitre d'école par chaque paroisse [1]. Si ce vœu, tant de fois exprimé, avait été écouté et que l'Église eût obtenu la mission de le faire exécuter, il ne serait certainement pas demeuré stérile entre ses mains. Ses instances réitérées, sa constante sollicitude, ses tentatives, comme celle dont nous venons de rapporter les témoignages, ne permettent pas d'en douter.

Heureux si l'on eût pu étendre à toutes les écoles cet éloge par lequel l'archidiacre d'Avallon terminait, en 1760, son rap-port sur la paroisse de Saint-Germain-des-Champs! « Fran-çois Bourdillat fait dans cette paroisse les fonctions de maitre d'école. Il est approuvé. Ses gages sont modiques. Il paraît content. Les enfants nous ont paru instruits. »

C'est à cette dernière citation que s'arrêtera notre étude, dont le but a moins été de constater un grand résultat, que d'appeler l'attention, et pourquoi n'ajouterait-on pas aussi le respect, sur un grand effort. Cet effort demeurera l'honneur durable de l'Église qui n'a pas hésité à le tenter, à une époque où l'importance de l'instruction primaire n'était pas encore admise par tous [2]. Il y avait, à prendre cette initiative, un cou-

---

1. Cette mesure n'eût été d'ailleurs que la mise en pratique de l'article 9 de l'édit du 13 décembre 1698, demeuré inexécuté, qui disait : « Voulons que l'on établisse, autant qu'il sera possible, des maîtres et maîtresses dans *toutes les paroisses où il n'y a point*, pour instruire tous les enfans. »

2. « Par exemple, on demande s'il y a trop ou trop peu de colléges en France. La résolution de cette question dépend de savoir s'il y a assez de laboureurs, assez de soldats. Il n'y a jamais eu tant d'étudiants dans un royaume où tout le monde se plaint de la dépopulation : le peuple même veut étudier ; des laboureurs, des artisans envoient leurs enfants dans les colléges des petites villes où il en coûte peu pour vivre. Les frères de la Doctrine chrétienne sont survenus pour achever de tout perdre : ils appren-nent à lire et à écrire à des gens qui n'eussent dû apprendre qu'à dessiner et à manier le rabot et la lime, mais qui ne veulent plus le faire. Le bien de la société demande que les connaissances du peuple ne s'étendent pas plus loin que ses occupations. » (La Chalotais, *Essai d'éducation nationale*.) Voilà quel était, en regard des préceptes et des actes de l'Église, le langage et les projets des philosophes antichrétiens. Guyton de Morveau pensait de même. V. *Mémoire sur l'Éducation publique*.

rage qu'il serait injuste de mesurer au résultat ; et on ne peut
croire que la faiblesse des moyens, l'exiguïté des ressources,
l'imperfection des instruments, permissent d'espérer beaucoup
au delà de ce qui a été obtenu. Tout a une origine, un début,
pour lesquels on ne peut prétendre à la force et à la puissance
de la maturité.

Pour nous, si cette abondance de chiffres et de citations a
besoin de quelque excuse, nous la demanderons à l'instruction
primaire que l'on peut honorer encore en travaillant à son
histoire.

DOCUMENTS JUSTIFICATIFS

Les documents justificatifs qui suivent sont empruntés à deux sources principales. Les uns, relatifs à l'action de l'Église, sont tirés des procès-verbaux des visites faites par les évêques, les archidiacres et les archiprêtres qui visitaient périodiquement le diocèse, soumettaient chaque paroisse à une inspection souvent rigoureuse et réformaient partout les abus qui s'offraient à leur vue. Nous dirons en passant que peu de documents, plus que ces procès-verbaux, peuvent présenter, avec autant d'exactitude et de fidélité, un état religieux, moral, économique, scolaire, monumental et statistique de la France pendant les deux derniers siècles. Sous le rapport de la fidélité, ces documents sont inattaquables : chaque visite avait lieu publiquement, avec le concours des habitants de la paroisse, et, après un débat contradictoire où chacun était appelé à faire valoir ses plaintes et ses réclamations, un procès-verbal était rédigé à l'instant et revêtu de la signature de tous les individus présents. C'est sur la minute même de ces procès-verbaux que nos citations ont été relevées [1] : nous en avons tiré tout ce qui se rattachait à notre sujet, sans autre souci que celui de former un *dossier* irréprochable par son exactitude et son intégrité.

Ces documents, qui appartiennent aux archives de l'évêché d'Autun, sont rapportés sans indication de source. Les seconds, qui concernent l'action de l'État, sont tirés de la correspon-

---

1. Il est vraisemblable que des renseignements pris sur place, dans les localités mêmes, nous auraient permis d'étendre beaucoup ce travail et d'allonger la liste de nos maîtres d'école; mais la difficulté d'exécuter un pareil plan nous a obligé de nous restreindre à l'usage des documents qui existent à notre portée, sans donc prétendre rapporter tout ce que comportait la matière.

dance administrative des intendants de Bourgogne, conservée aux archives départementales de la Côte-d'Or. Leur grand nombre et leur étendue ne nous a permis que de les effleurer et d'en prendre seulement la substance et la partie la plus essentielle. Chaque extrait est accompagné de la lettre C suivie du chiffre d'ordre de classement, conformément à l'excellent inventaire dû au zèle et à la science de l'archiviste, M. J. Garnier. Empruntés pour la plupart aux mêmes sources, ces matériaux se distinguent plutôt par l'abondance que par la variété, mais ils rachètent à certain égard l'uniformité du ton par la précision des détails et par la diversité que l'absence de centralisation dans l'instruction publique introduisait dans le régime des écoles.

Enfin, quelques autres, en petit nombre, ont été empruntés à des sources très diverses qui ont été indiquées en note ou dans le texte même.

Pour donner une idée du chiffre de la population des communautés rurales, on a ajouté quelquefois, d'après les procès-verbaux de visite, le nombre des *communiants* qui formaient les deux tiers de la population totale de la paroisse.

ARCHIPRÊTRÉ D'ARNAY-LE-DUC

ANTIGNY-LA-VILLE 1775. — « Les habitants d'Antigny-la-Ville, Charmoy, la Canche, ont fait une convention pour neuf ans qui ont commencé le 11 novembre 1775, avec le nommé Antoine Jarlaud qui s'est obligé de les servir en qualité de recteur d'école, aux gages annuels de 100 livres payables par imposition et par quartier. » C. 641.

1782. — « Le nommé Antoine Jarlaud faisoit les fonctions de recteur d'école à Antigny aux gages annuels de 100 livres, outre les mois des écoliers et les assistances à l'église. Ce particulier est mort et les habitants ont, de l'agrément de leur curé, fait choix de Jean Jarlaud, son fils, pour le remplacer, avec les mêmes émoluments. Ce nouveau recteur demande l'homologation de sa convention qui doit durer 6 années et qu'il est sans difficulté d'approuver, comme il a été fait le 6 juin 1776. »C. 641.

ARNAY-LE-DUC 1625.—« Nicolas Duchesne, recteur de la grande école de la ville. » [1]

1628. — « Couvent des dames Ursulines pour l'éducation des filles pauvres, composé de neuf Sœurs professes et de trois Sœurs converses. » [2]

1672. — « Philibert Bernard, maistre d'escole. » Communiants, 2,200.

1686. — « Maîtres d'écoles, 60 livres. » [3]

1728.—« Deux maîtres d'école qui sont approuvés et de bonnes mœurs. »

1774. — « Pierre Charles, recteur d'école. »

AUBIGNY-LA-RONCE 1781. — « Les habitants d'Aubigny ont fait avec le nommé Claude Mercey une convention pour les servir en qualité de recteur d'école pendant l'espace de six années qui ont commencé le 1er mars 1781, moyennant les gages annuels de 90 livres payables par demie année et par une imposition, outre les mois des écoliers et les assistances à l'église. Il sera loisible à ce recteur d'ensemencer chaque année deux ou trois journaux de terre et de nourrir une ou deux vaches avec une douzaine de brebis, sans qu'il puisse être tenu à aucune charge de la communauté. Enfin les parties s'engagent à s'avertir réciproquement trois mois avant de se quitter. » C. 644.

BESSEY-LA-COUR 1775. — « Le 15 juin 1775, les habitants de Bessey-la-Cour et du hameau de Champceley ont fait choix du nommé Blondeau pour les servir en qualité de recteur d'école, pendant trois années, aux gages annuels de 100 livres, outre les mois des écoliers et les assistances à l'église. Les laboureurs sont convenus en outre de donner à ce recteur une gerbe de

---

1. C. Lavirotte, *Annales de la ville d'Arnay-le-Duc*, p. 173.

2. Id. p. 179 et 306. Il existait en outre un collège, fondé en 1632 par Jean Lacurne, lieutenant criminel au bailliage d'Arnay, qui permettait aux enfants de recevoir une instruction plus élevée, sans quitter leur pays.

3. Budget d'Arnay, id. p. 247.

froment dans le temps des moissons, de lui amener son bois de chauffage et ils l'ont exempté de tout impôt.

» Il est indispensable que vous fassiez prévenir ces habitants de passer un autre marché dans lequel il ne sera question que des gages, des mois des écoliers et des assistances à l'église, sauf à augmenter ces gages en raison des avantages qu'il pouvoit retirer de ces clauses qu'il faut retrancher. » C. 905.

BLIGNY-SUR-OUCHE 1672. — « Pierre Collenot, maistre d'escole. » Communiants, 500.

1728. — « François Boisseau, maître d'école, approuvé du sieur curé, reçu de la communauté, fait bien son devoir. »

CHAUDENAY-LA-VILLE 1775. — « Le 6 janvier 1775, les habitants de Chaudenay ont fait une nouvelle convention pour trois ans avec le nommé Antoine Brugniot, leur recteur, qui s'est obligé de les servir en cette qualité, moyennant les gages annuels de 60 livres, payables annuellement et par imposition, outre les mois des écoliers et les rétributions à l'église. » C. 652.

COLOMBIER 1777. — « Les habitants de Colombier ont eu pour recteur d'école François Chauvenet auquel ils payoient en exécution de la convention faitte entre eux le 3 mai 1777 et pour lui tenir lieu de gages, sçavoir : chaque laboureur 4 livres, chaque manouvrier 2 livres et chaque femme veuve 20 sous. » C. 915.

CRUGEY et BOUHEY 1670. — « Ils ont 40 livres de charges ordinaires pour l'entretien d'un maistre d'escolle. » (Enquête Bouchu, arch. de la Côte-d'Or.)

1728. — « Il y a un maître d'école approuvé par M. Monot, ancien archiprêtre. » Communiants, 200.

1768. — « Le 6 mars 1768, les habitants de Crugey et Bouhey passèrent une convention avec le nommé Charles Bernard pour faire les fonctions de recteur d'école moyennant la somme annuelle de 78 livres, payables chaque année par le procureur de la communauté, pendant le temps de six ans que doit durer ladite convention. Ils lui accordèrent en outre un logement, une exemption de tailles, chemins et autres charges de communauté et une quête dans la paroisse en reconnaissance des prières que ledit Bernard étoit tenu de faire durant le carême de chaque année. » C. 918.

Culêtre 1728.—« Il y a un maître d'école appelé Jean Martin, propre à enseigner, de bonne réputation, sans institution, en demande une et mérite qu'on lui accorde. » Communiants, 400.

Cussy-la-Colonne 1780. — « Étienne Quarré d'Aligny, mort en 1772, a fondé un maître d'école. » [1]

Escutigny 1764.—« Pierre Gagnepain, maître d'école aux gages de 60 livres. »

1777.—« Le 24 décembre 1777, les habitants d'Écutigny assemblés ont, sur la demande du sieur curé, fait convention avec le nommé Antoine Poulet pour faire les fonctions de recteur d'école moyennant 30 livres de gages annuels payables par la voye d'imposition, mais sans stipulation du temps que doit durer ladite convention. » C. 922.

Foissy 1672. — « Jean Guioton, maistre d'escole. » Communiants, 200.

1706. — « Nicolas Leblanc, maître d'école, a une institution de feu M. Bérardier, archiprêtre de Beaune. »

1728. — « Il y a un maître d'école auquel le sieur curé recommandera d'être plus exact pour l'instruction des enfants, quoique d'ailleurs propre pour cet employ. »

1781. — « Le nommé Jaffrin qui faisoit les fonctions de recteur d'écolle dans la paroisse de Foissy étant décédé, les habitants ont choisi pour le remplacer Antoine Manière auquel ils ont assigné 120 livres de gages annuels, outre les mois des écoliers et les assistances à l'église. Cette nomination s'est faitte à la tenue des jours du 8 may 1781. » C. 657.

Ivry 1706.—« Il y a une maîtresse d'école. »Communiants, 120.

1763. — « Les habitants de cette communauté ont imposé sur eux annuellement depuis 1763 jusqu'à et y compris 1768, une

1. Courtépée, *Description du duché de Bourgogne*, t. II, p. 320, nouv. édit.

somme de 90 livres pour gages du nommé Desforges qui étoit leur recteur d'écolle. » C. 924.

1769. — Le « 15 janvier 1769, les habitants d'Ivry ont délibéré de se choisir un recteur d'école pour servir l'église et instruire la jeunesse, et ils ont pris en conséquence le nommé Jacques Lonchamp auquel ils sont convenus de donner annuellement 72 livres de gages. » C. 924.

1771. — « Le 11 novembre 1771, les habitants de cette communauté, assemblés, choisirent pour leur recteur d'école le nommé Jean Nicolas, qui s'engagea d'en faire les fonctions pendant neuf années aux gages de 100 livres par an, ladite somme payable en deux termes. » C. 924.

1773. — « Le 2 février 1773, les habitants d'Ivry ont passé une convention avec le nommé N. Demangeot pour leur recteur d'école pendant neuf années, aux gages de 100 livres, payables chaque année par imposition. » C. 924.

1774.—«Le nommé Demangeot, recteur d'école à Ivry, a observé aux habitants qu'il ne pouvoit pas les servir en cette qualité pour la somme de 100 livres par an et qu'ils ayent à lui faire une augmentation. Ces habitants ont fait une convention avec le recteur d'école pour neuf années consécutives, à commencer du jour de l'homologation d'icelle, aux gages de 120 livres, outre les assistances à l'église et les mois des écoliers, payables en deux termes égaux, sçavoir le premier à la Pentecôte et l'autre à Noël. » C. 924.

1778. — « Les habitants d'Ivry ayant besoin d'un recteur d'école, tant pour le service de l'église que pour l'instruction de leurs enfants, ont choisi à cet effet le nommé Jacques Volot pour en faire les fonctions pendant neuf années consécutives et ils sont convenus de lui donner annuellement 150 livres, outre les mois des écoliers et les assistances à l'église. » C. 924.

LUSIGNY 1672. — « Philippe Tenot, maistre d'escole. » Communiants, 160.

MAGNIEN 1771. —« Le nommé Jean-Marie Virely, pourvu d'une institution de l'ordinaire pour faire les fonctions de recteur d'école, a passé en conséquence une convention avec les habitants de Magnien le 3 novembre 1771. Ce marché doit avoir lieu pour six années pendant lesquelles il aura annuellement 80 livres, outre les mois des enfants et les rétributions à l'église. » O. 663.

MALIGNY 1706. — « Symon Chartenay, maître d'école. »

1728. — « Il y a un maître d'école dont on est content. » Communiants, 220.

MIMEURE 1670. — « Les charges ordinaires sont l'entretien de leur église et maistre d'école, qui montent à 60 livres par an. » (Enquête Bouchu, archives de la Côte-d'Or.)

1728. — « Lazare Nouveau, maître d'école de bonne réputation et capable pour cet employ, n'a point d'institution dont on juge qu'il est digne. » Communiants, 220.

1754. — « N. Michon, recteur d'école. »

1782. — « Les habitants de Mimeure ont fait choix du nommé Jean-Claude Talveau pour remplir les fonctions de recteur d'école dans cette paroisse, et ils lui ont assigné 120 livres de gages annuels, payables par quartiers, outre les mois des écoliers et les assistances à l'église. » O. 669.

MOLINOT 1728. — « Il y a un maître d'école capable d'instruire les enfants pour lire et écrire, mais qui ne sçait pas chanter, de sorte qu'il ne paroît guère convenir à la communauté. Il enseigne les garçons et sa femme les filles. » Communiants, 250.

MONTCEAU 1672. — « Jean de la Rue, maistre d'escole. » Communiants, 200.

1728. — « Il y a un maître d'école qui enseigne les garçons et les filles. Il n'a pas d'institution. M. le curé en est content. » Communiants, 250.

1781. — « Joseph Rousseau, recteur d'école, aux gages de 135 livres annuels. » O. 934.

PAINBLANC 1672. — « Jean Lucotte, maistre d'escole. » Communiants, 215.

SAINT-PIERRE-EN-VAUX 1778. — « Les habitants de Saint-Pierre-en-Vaux et Vellerot ont choisi pour leur recteur d'écolle le nommé Dominique Robert, auquel ils sont convenus de donner pendant le temps qu'il servira la paroisse, au 1er décembre de chaque année, une mesure de seigle, mesure de Nolay, par chaque laboureur, 15 sous par chaque manouvrier, ce qu'ils ont estimé être en valeur de 88 livres, avec faculté de donner le grain ou l'argent à leur choix. Il a été en outre stipulé qu'indépendamment de cette somme de 88 livres, le recteur seroit payé des mois des écoliers et des assistances à l'église, suivant l'usage du diocèse et qu'il seroit exempt de sa corvée des grands chemins. » C. 675.

SAINT-PRIX-SOUS-ARNAY 1759.—« Lazare Leclerc obtint en 1759 une institution de M. l'évêque d'Autun pour exercer les fonctions de maître d'école dans cette communauté. Les habitants, satisfaits de sa conduite, renouvelèrent une convention avec luy le 1er avril 1763, par laquelle ils s'obligèrent à luy payer 90 livres, sans aucune autre rétribution illicite. » C. 675.

SAUSSEY 1728. — « Il y a un maître d'écolle, nommé Jean Le Ver, qui montre les garçons et les filles, âgé de cinquante ans, qui a été établi par le sieur curé, venu et natif d'Autun, sçait chanter. » Communiants, 120.

THOMIREY 1773.—« Le 24 juillet 1773, les habitants de Thomirey ont passé une convention avec le nommé Sellenet pour faire les fonctions de recteur d'école, aux gages annuels de 60 livres payables par quartiers, savoir 4 l. 2 s. par chaque laboureur, 2 l. 12 s. par les demi-laboureurs et 1 l. 10 s. par les manouvriers, outre les mois des écoliers.

» Ordonnons aux habitants de Thomirey d'imposer sur eux dans quinzaine au marc la livre de leur taille royale et par un rôle particulier, ladite somme de 60 livres. » C. 966 bis.

THURY 1670. — « Les charges ordinaires sont l'entretien de leur église et un maistre d'escole, qui montent annuellement à 100 livres. » (Enquête Bouchu, archives de la Côte-d'Or.)

1672. — « Guillaume Bélinne, maistre d'escole. » Communiants, 400.

VIÉVY 1728.—« Il y a un maître d'école qui enseigne les garçons et les filles, dont on est content. »

VOUDENAY 1759. — « Institution de M. l'évêque d'Autun du nommé Lazare Rossignol pour recteur d'école à Voudenay. »

25 *novembre.* —« Convention entre ledit Rossignol et les habitants, aux gages de 100 livres par an, avec l'obligation d'assister le curé dans toutes ses fonctions, sans autre rétribution. » C. 686.

1766. — « Le 30 novembre 1766, les habitants de Voudenay assemblés ont fait une convention avec le nommé Bonnardot pour exercer les fonctions de maître d'école dans ladite paroisse, pendant neuf années, à commencer du 1er janvier 1767, moyennant la somme de 150 livres par année. » C. 686.

ARCHIPRÊTRÉ D'AVALLON

ANGELY 1672. — « Le précepteur est Jacques Cadou. » Communiants, 220.

1690. — « Le maître d'école d'assez bonne conduitte, non institué. »

1698. — « Nous avons confirmé, approuvé et institué François Le Couvrieux pour maistre d'escole audit Angely, sur le bon rapport à nous faict par le sieur curé de ses bonnes vie et mœurs. »

1702. — « Et nous sommes, en foy de tout ce que dessus soubsignéz avec ledit sieur curé et le maître d'école. »

ANNAY-LA-CÔTE 1690. — « Le maître d'école a été institué par M. Dufeu (vicaire général). »

1698. — « Nous avons fait venir le maistre d'escole dudit lieu, nommé Claude Febvre, et nous estant enquis dudit sieur curé et desdits fabriciens s'ils estoient contents de son service et s'il sçavoit bien lire, escrire, chanter, et instruire la jeunesse, et nous ayant dits que ouy, pour ce, sur ses réquisitions, nous l'avons nommé, approuvé et confirmé maistre d'escole dans ladite paroisse d'Annay. »

1702. —«Nous avons confirmé Claude Febvre pour maître d'école et chantre, sur ce que le sieur curé et les fabriciens nous ont certifié de sa bonne conduite. »

1703. — « Il y a un maistre d'escole. »

ATHIES 1702. — « Ils ont mis, pour chanter à l'églize et pour instruire la jeunesse, un maistre d'escole, Edme Guénissey, dont ledict sieur curé et les paroissiens ont dict estre contents ; nous l'avons aussy, pour ces raisons, approuvé et institué. »

AVALLON 1626. — « École tenue par les religieuses Ursulines, sous l'obligation « d'instruire publiquement et gratuitement toutes les filles qui se présenteroient à elles, notamment celles des habitants de la ville. » [1]

1690. — (Paroisse du faubourg Saint-Martin.) « Il y a un maitre d'école qu'on dit très sage, non marié, qui n'a point d'institution. »

COUTARNOUX 1698. — « Sur le bon rapport du sieur Jarry (curé) et des paroissiens, nous avons institué et approuvé Hubert Lardry pour maistre d'escole audict Coutarnoux. »

1702. — « Sur le bon rapport qui nous a esté faict de la bonne conduitte et capacité de Jean Vignot pour instruire la jeunesse et chanter à l'églize, nous l'avons receu, institué et approuvé pour maistre descole dans ladicte paroisse de Coutarnoux. »

CUSSY-LES-FORGES 1670. — « Il y a les charges seigneuriales et celles d'un maistre d'escole. » (Enquête Bouchu, arch. de la Côte-d'Or.)

1672. — « Le précepteur est Mre François Pageot. » Communiants, 260.

1698. — « Nous avons encore ordonné que dans huit jours le sieur curé avec les paroissiens s'assembleront et nommeront un maistre d'escole pour leur paroisse qui est assez grande pour en entretenir un, et après en avoir choisy un capable et de bonnes mœurs, ils luy feront des revenus suffisants pour l'obliger à résidence. »

1702. — « Les paroissiens ont estably un maistre d'escole qui

---

1. *Traité entre les dames Ursulines et les échevins d'Avallon.* V. Bulletin de la Société d'études d'Avallon, t. IX, p. 44.

s'appelle Edme Dupart, lequel, sur ce qui nous a esté certifié
par le sieur curé et les paroissiens, de sa bonne conduitte et
capacité, nous l'avons institué et approuvé. »

DISSANGY 1690. — « Le maître d'école, nommé Isaye Clouny,
enseigne les filles et les garçons. »

ETAULES 1670. — « Les charges sont les gages du maistre d'escole. » (Enquête Bouchu, arch. de la Côte-d'Or.)

1671. — « Le précepteur se nomme François Vandson. » Communiants, 200.

1698. — « Nous avons approuvé et confirmé pour maistre
d'escole dans cette paroisse François Biétrix, sur le bon rapport
à nous fait de sa bonne conduitte par le sieur curé. »

GIROLLES 1671. — « Pour précepteur Jean Héron. » Communiants, 200.

1685. — « 33 livres de gages par an pour le recteur des escoles. »
(Arch. de la Côte-d'Or, élection de Noyers.)

1690. — « Le maître d'école institué, faisant d'ailleurs assez
bien son devoir, enseigne les filles avec les garçons. »

1698. — « Nous estant informé de la conduitte, vie et mœurs
d'Anthoine de la Porte, maistre d'escole dans laditte paroisse,
ledit sieur curé et les paroissiens nous ayant dits en estre contents,
nous avons confirmé et approuvé ledit de la Porte pour maistre
d'escole. »

ISLAND 1702. — « Nous avons accordé institution à Joseph
Galliard, pour maistre d'escole et chantre en ladite paroisse, sur
le bon rapport qui nous a esté faict de sa capacité et de sa bonne
conduitte par le sieur curé, les fabriciens et les paroissiens dudit
Island. »

1703. — « Il y a un maistre d'escole. »

JOUX-LA-VILLE, 1671. — « Pour précepteur Léonard Leblanc. »
Communiants, 700.

1690. — « Louis Godeau, maître d'école. »

1696. — « Le maistre d'escole a-t-il pris une institution ?
R. » Il n'en a point. »

1698. — « Nous avons nommé et approuvé Louis Godot pour maistre d'escole en cette paroisse, par le bon rapport à nous fait pas le sieur curé et les fabriciens qu'ils estoient contents de sa conduitte et capacité, luy avons ordonné à continuer de satisfaire à son devoir, pour, à nostre première visitte, estre pourveu sur la confirmation ou destitution si le cas le requis. »

1702. —'« Nous avons de nouveau approuvé et confirmé Louis Godot pour maistre d'escole audit Joux. »

1703. — « Il y a un maistre d'escole. »

1708. —« Avons ordonné que le sieur curé veilleroit à ce que le maistre d'écolle soit plus soigneux à s'acquitter de son employ. Il a esté adverti, et s'il ne fait mieux, quoy qu'on doive avoir égard à sa grande vieillesse, on en donnera advis, pour se pourvoir d'un autre en sa place. »

LUCY-LE-BOIS 1671. — « Pour maistre d'escole Edme Bierry. » Communiants, 300.

1690.—« Le maitre d'école, nommé Louis Charpentier, enseigne les filles avec les garçons, ce que le sieur archiprêtre luy a défendu. »

1698. — « Que le maistre d'escole que nous avons nommé et institué, sur le rapport du sieur curé et des fabriciens de sa bonne conduitte, et sur ce qu'ils nous ont dit qu'il n'estoit pas assez payé pour la procession et les services qu'il fait pour les confréries de la Trinité, le jour de la feste, nous avons ordonné que pour ses salaires de ce jour le receveur de laditte confrérie luy donnera vingt solz par an. »

1703.—« Il y a un maistre d'escole qui se gaste de vin auparavant que de venir chanter la grand'messe. »

1782. — « Élection comme maitre d'école d'Edme Cunault, en remplacement du sieur Gourdeau. » (Arch. de l'Yonne, C. 2,465.)

MAGNY-LEZ-AVALLON 1668. — « Il y a un maistre d'escholle. »

1690. — « Le maitre d'école n'est pas encore institué et n'a pu être examiné du sieur archiprêtre parce qu'il étoit absent lors de sa visite. »

1698. — « Avons ordonné qu'Edme Millot, maistre d'escole de cette paroisse, continuera sa fonction. »

1702. — « Nous avons confirmé et approuvé Edme Millot pour maistre d'escole. »

1702. — « Nous avons continué maistre d'escole Guillaume Dujardin. »

1703. — « Il y a un maistre d'escole. »

MASSANGY 1668. — « Il n'y a ny maitre ny maitresse d'eschole, et le curé instruit trois ou quatre petits garçons chez luy. » Communiants, 200.

1698. — « Nous sommes ensuitte informés du maistre d'escole nommé Jean Guidoux. Le sieur curé et Bonnet Barbier et Christophe Berthier, procureurs fabriciens, nous ont dit estre contents de sa conduitte et capacité, pour quoy nous luy avons confirmé et approuvé l'institution à luy donnée par le sieur archiprestre d'Avalon. »

1702. — « Nous avons confirmé et approuvé de nouveau Jean Guidoux pour maistre d'escole audit Massangy. »

MONTRÉAL 1672. — « Mre Anthoine Levesque est précepteur. » Communiants, 350.

1690. — « Le maître d'école, qui a son institution, enseigne les garçons et les filles ensemble. Il a promis de se corriger. »

1694. — « Payé par le receveur du chapitre de Montréal à Dujardin, recteur des écoles, 2 bichets de froment. » (Arch. de l'Yonne, C. 2,283.)

1703. — « Il y a un maistre d'escole qui fait son devoir. »

PONTAUBERT 1670. — « Ils ont pour charge le recteur d'escolle à qui toute la communauté donne 12 bichets froment, le logement et l'exemption de tailles, lesdits 12 bichets valant par communes années XXXVI livres. » (Enquête Bouchu, arch. de la Côte-d'Or.)

PROVENCY 1681. — « Il n'y a point de maistre d'eschole dans ladite paroisse, au grand préjudice des paroissiens qui pour cette cause demeurent dans une grande ignorance tant des lettres que des choses nécessaires au salut, et au désavantage du curé qui manque souvent de secours pour l'administration des sacremens. Ils souhaittent que Sa Grandeur eust ordonné qu'il en feust créé un pour le bon ordre de l'église de Provency, et qu'il permist qu'on en prist un qui se présente, assez capable, que sa pauvreté empesche d'aller à Autun pour avoir son institution. » Communiants, 260.

1690. — « Le maitre d'école, qui n'est qu'en passant, est sans institution. »

1698. — « Sur le rapport à nous fait par le sieur curé de la bonne conduitte de Jean Orry, maistre d'escole audit Provency, nous l'avons confirmé à cette fonction. »

Rouvray 1670. — « Ils ont pour charge leur recteur d'escole à qui les habitants donnent 50 livres. » (Enquête Bouchu, arch. de la Côte-d'Or.)

1672. — « Pour précepteur, c'est Mre François Pernot. » Communiants, 500.

1698. — « Nous avons ordonné à Hélye Hory, maistre d'escole audict Rouvray, d'estre assidu au service de la paroisse et de bien faire son devoir à l'avenir, en sorte que ledict sieur curé et ses paroissiens en soyent contents, principalement de ne point enseigner les garçons avec les filles. »

1769.—« Les habitans de la communauté de Rouvray exposent que par acte du 1er janvier 1769 ils ont renouvelé avec le nommé François Petit moyennant la somme de 120 livres par an, payables de 3 mois en 3 mois, pendant six années consécutives, sous condition qu'il rempliroit ses fonctions aussi bien qu'il l'a fait depuis 16 ans qu'il est dans cette place. Pourquoi ils recourent à ce qu'il plaise à M. l'intendant d'homologuer ladite délibération. » C. 859.

Saint-André-en-Terre-Plaine 1670. — « Les charges sont les réparations de l'église et l'entretien d'un maistre d'escole. » (Enquête Bouchu, arch. de la Côte-d'Or.)

1672. — « Le précepteur est Mre Léonard Talmitte. » Communiants, 230.

1698. — ..... « Sur quoy il est deu deux septiers de froment au maistre d'escole de la paroisse et trente sols en argent. »

SAINTE-COLOMBE 1681. — « Il y a un maistre d'eschole depuis peu dont la paroisse se trouve bien. » Communiants, 250.

1774. — « Louis Chollat, maître d'école. » (Arch. de l'Yonne, Jussy.)

SAINTE-MAGNANCE 1670. — « Il n'y a qu'un recteur d'escolle à qui chaque laboureur donne un boisseau de bled par an, et les manouvriers 6 s. » (Enquête Bouchu, arch. de la Côte-d'Or.)

1702.—«Nous avons approuvé et confirmé François Pagneault, pour maistre d'escole. »

SAUVIGNY-LE-BOIS 1670. — « Chacun laboureur donne une mesure de bled, chacun manouvrier 8 s. par an au maistre d'es-colle. » (Enquête Bouchu, arch. de la Côte-d'Or.)

1672. — « Le précepteur se nomme Quantin Fichon. » Com-muniants, 300.

1690.—« Le maître d'école qui fait bien son devoir et n'a point d'enfants à enseigner, n'a point d'institution. »

1698. — « Nous avons ordonné qu'Edme Guotet, maistre d'es-cole, continuera ses fonctions dans cette paroisse. »

1702. — « Nous avons institué et approuvé François Biétrix pour maître d'école audit lieu, sur le bon rapport dudit sieur curé. »

1720-1747. — « Edme Renaudin, maître d'école. » (Arch. de l'Yonne, C. 2,520.)

SAUX 1670. —« Au maistre d'escolle le laboureur donne 2 bois-seaux de froment, le manouvrier 16 sols et la vefve 8 sols. » (Enquête Bouchu, arch. de la Côte-d'Or.)

1690. — « Le maître d'école n'a pu être veu ny examiné par le sieur archiprêtre. Il demeure à la Maison-Dieu dépendant de la paroisse. »

1705. — « Il y a un maistre d'escole. »

SAVIGNY-EN-TERRE-PLEINE 1668. — « Il y a un maistre d'escole nommé François Hyvert. » Communiants, 350.

1670. — « Doivent au maistre d'escolle chaque laboureur un boisseau de bled et le manouvrier 10 sols. » (Enquête Bouchu, arch. de la Côte-d'Or.)

1672. — « Le précepteur est Mre François Hyvert. » Communiants, 400.

1702. — « Sur les réquisitions d'Edme Goulley, maître d'école audit lieu, nous l'avons approuvé et confirmé dans cette fonction, aux conditions qu'il observera les ordonnances de Monseigneur, qu'il obéira au sieur curé et aux fabriciens. »

1703. — « Il y a un maistre d'escole. »

1708. — « Pour ce qui est du maistre d'escole, ledit sieur curé tiendra la main, comme il a déjà fait, que sa femme enseigne les filles séparément, et luy les garçons de mesme. »

Tisy 1670. — « Charge d'un maistre d'escolle. » (Enquête Bouchu, arch. de la Côte-d'Or.)

1703. — « Le sieur curé tient escole charitable. »

Trevilly 1670. — « Ils sont chargés de donner au maistre d'escolle, chacun laboureur deux boisseaux de bled, le manouvrier 15 sols. » (Enquête Bouchu, arch. de la Côte-d'Or.)

1672. — « Pour précepteur est Mre Jacques Goulley. »

1695. — « Il y a un nouveau maistre, âgé de dix-sept ans seulement, dont M. le curé et les habitants sont satisfaicts. Si cela continue, il aura une institution. »

1698. — « Nous avons approuvé et institué pour maistre d'escole dans laditte paroisse de Trévilly, Joseph Rouget, sur le bon rapport qui nous a esté faict, par le sieur curé, de sa conduitte. »

1702. — « Nous avons approuvé de nouveau Joseph Rouget pour maitre d'école. »

ARCHIPRÊTRÉ DE BEAUNE

Aloxe 1776. — « Les habitants d'Aloxe assemblés ont fait une convention pour six ans avec le nommé Jean Latour qui s'est obligé de les servir en qualité de recteur d'école, aux gages annuels de 100 livres, payables en deux termes égaux, mais il est dit que chaque habitant payera 2 livres 10 sous, et les femmes veuves moitié, que chaque habitant donnera une quête de vin et les femmes veuves moitié, ou à défaut 12 sous, outre les mois des écoliers et les assistances à l'église. Cette convention porte aussi qu'il sera exempt de taille royale et négotialle et en un mot de touttes les charges de la communauté. » C. 898.

AUXEY-LE-GRAND 1672. — « Charles Rubert, maistre d'escole, » 1690. — « Le maistre d'escole n'est point approuvé. »

1704. — « J'ay desjà donné advis que le maistre des basses écoles se paye sur les revenus de la fabrique, ce qu'il seroit facile de supprimer comme un abus introduit depuis plus de trente ou quarante ans, monseigneur pouvant défendre de le faire à l'avenir, auquel cas les habitants d'Auxey jetteroient la somme qu'on donne au maistre d'école sur. les tailles en présentant une requeste à l'intendance. Monsieur l'archiprêtre leur représenta, à sa visite, qu'ils ne pouvoient divertir ainsi les revenus de la fabrique contre les intentions des fondateurs. Ils avoient promis de condescendre à ses volontés, ce qu'ils n'ont pas fait, tant à cause des charges et subsides qui sont rudes, que parce qu'ils se trouvent bien d'estre délibérés d'un fardeau qui leur seroit trop onéreux. »

1772. — « Le 20 décembre 1772, les habitants d'Auxey ont fait une convention avec François Laboureau pour leur servir de recteur d'école pendant le temps qu'ils jugeront à propos, aux gages annuels de 50 livres. De plus lesdits habitants lui ont promis un logement et une quête de vin dans le tems des vendanges, et il est dit que les habitants qui ne recueilleront rien seront tenus de lui donner 16 sols, sans préjudice des assistances à l'église et des mois des écoliers. » C. 903.

BEAUNE 1648. — « Claude Henri et Françoise Douhard, sa femme, recteurs des basses écoles à Saint-Martin, et à la même époque Claude Bullot instruisait les enfants de Saint-Nicolas. » [1]

1684. — « (Paroisse de Saint-Nicolas.) Il y a un régent pour les petites escoles, dont on se contente. »

1713. — « Christophe Joursain, recteur des basses écoles. » [2]

---

1. C. Aubertin, *Mémoire sur les anciennes écoles et le collége de Beaune.*
2. Id.

BLIGNY-SOUS-BEAUNE 1670. — « Les charges ordinaires sont les gages du maistre d'escolle. » (Enquête Bouchu, arch, de la Côte-d'Or.)

BOUILLAND 1772. — « Le nommé Philibert Drouhin demande l'homologation d'une convention passée le 25 octobre 1772 avec les habitans de Bouilland, pour continuer à faire les fonctions de recteur d'école pendant six ans, commencés depuis le 1er novembre dernier. Les conditions desdits habitans de Bouilland sont que ledit Drouhin sera gagé de la somme de 95 livres par an, en outre que chaque habitant semant ou faisant semer lui donnera au tems de moisson une gerbe de bled froment ou méteil, et en outre les rétributions ordinaires pour les mois des enfants, l'exemption de touttes tailles royalles, capitations et tailles négotiales et autres charges de la communauté, sauf audit Drouhin de se loger. » C. 908.

CHEVIGNY 1672. — « Louis Leduc, maistre d'escole. »
1684. — « Le maistre d'escole s'appelle Jean Duard. » Communiants, 250.
1705. — « Il y a un maître d'écolle. »

CHOREY 1784. — « Les habitants de Chorey et Gigny ont fait choix du nommé Paul Bernard pour les servir en qualité de recteur d'école pendant l'espace de douze ans et ils sont convenus de lui donner 80 livres de gages annuels, payables en deux termes par imposition, outre les mois des écoliers et les assistances à l'église, plus des rétributions en grain et en vin pour sa peine de porter l'eau bénite, indépendamment de l'exemption de toutes impositions et autres charges de la communauté. » C. 913.

COMBERTAULT 1672. — « Hubert Borquin, maistre d'escole. »
1764. — « N. Petit, recteur d'école. » C. 915.

COMBLANCHIEN 1775. — « Quarante sols payés au maître d'école pour la façon dudit rolle. »
1777. — « Quarante livres qu'il a payé à Doret, maître d'écolle, pour ses gages échus du 19 avril 1776. » — Alloué.

1778. — « Quarante livres qui sont dues à la veuve Doret pour une année des gages de son mary qui étoit recteur d'école, échus du 19 avril, — Alloué, sauf à faire homologuer la convention du fils Doret. » C. 1475.

1786. — « Demande qu'il lui soit passé en dépense la somme de 72 livres qu'il a payée au nommé Clerc, recteur d'école, pour une année de ses gages, échue le 28 août 1786. » Id.

1787. — Id. pour l'année 1787. Id.

CORBERON 1669. — « Honorable Claude Perdrizet, maitre d'école. »

1704. — « Pierre Germain, recteur d'escole. »

1717 et 1721. — « Antoine Fauvernier, recteur d'école. »

1743. — « François Nicolin, maitre d'école, mourut le 29 mai de cette année. »[1]

1745 et 1748. — « Philibert Caillet, recteur d'école. »

1749 et 1750. — « Vivant Blanchard, recteur des écolles de Corberon. »

1751 à 1754. — « Nicolas Le Bailly, recteur d'école. ».

1754. — « Edme Gay, recteur d'école. »

1759. — « J.-B. Carillon, recteur d'école. »

1761. — « Les habitants de Corberon ont convenu avec le nommé Etienne Magnien qu'il feroit les fonctions de recteur d'école pendant 6 années, à commencer du 1er novembre suivant pour finir à pareil jour de 1767, aux gages de 80 livres annuellement, outre les rétributions des enfants et le service de l'église. » C. 1478.

1761. — « Etienne Magnien, recteur d'école. »

1766. — « André Favernier, recteur d'école. »

1768. — « Claude Naudin, recteur d'école. »

---

1. Cette chronologie des recteurs d'école de Corberon nous est en partie fournie par les *Registres des baptêmes, mariages et sépultures* de la paroisse, compulsés avec soin par M. Eugène Beauvois qui a bien voulu nous communiquer le résultat de ses recherches. Elle prouve l'extrême abondance de renseignements que ces registres contiennent sur le sujet qui nous occupe et tout le parti qu'on pourrait en tirer, s'il était possible d'aller les consulter. C'est là un travail qui revient aux auteurs des monographies et qui désormais devra prendre place dans leurs investigations.

1772 à 1775. — « Pierre Douhin, recteur d'école. »

1775. — « Le 6 août 1775, les habitants de Corberon ont choisi pour leur recteur d'école le nommé Fiacre Jobard et sont convenus de lui donner annuellement des gages de 100 livres outre les mois des écoliers et les rétributions à l'église. » C. 1478.

1783. — « Nouvelle convention passée le 29 décembre 1782 dont les habitants de Corberon demandent l'homologation, porte les gages de ce recteur à 124 livres par an au lieu de 100 qu'il avoit ci-devant ; elle lui impose l'obligation d'écrire toutes les délibérations de la communauté et de faire tous les rolles des tailles négotiables gratuitement. » Id.

CORCELLE-LES-ARS 1704. — « Hugue Chanteregnault, recteur des basses écholes. Le recteur des basses écholes nous a paru opiniastre et opposé aux sentiments de M. le curé qui ne sont que pour le bon ordre de son église. »

1784. — « Les habitants de Corcelle-les-Arts et Masse ont fait choix pour recteur d'école de Pierre Bourrelier avec lequel ils ont fait une convention qui lui assigne 60 livres de gages annuels, outre les rétributions ordinaires pour les mois des écoliers et les assistances à l'église et une quête en vin volontaire avec une en grain. Suivant une convention ce recteur d'école est entré en fonctions le 1er janvier 1784. On lui a aussi promis l'exemption de toutes charges de communauté, et lui s'est engagé à faire les rolles des tailles gratuitement. Cette convention est signée du curé et d'un grand nombre d'habitants. » C. 917.

CORGENGOUX 1690. — « Le maistre d'escole n'a point d'institution. »

1704. — « Philippe Thenot, recteur d'école. »

1765. — « Les habitants de Corgengoux ont passé marché le 1er août 1765 avec le nommé Gagnot pour faire les fonctions de recteur d'école dans la paroisse, moyennant 90 livres par an, et ils l'ont exempté des tailles et autres charges de communauté. Ils lui doivent une somme de 395 livres pour ses gages depuis 1765 dont ils demandent l'imposition, ainsi que l'homologation de leur marché. » C. 1480.

Corgoloin 1706. — « Maistre d'escole, Nicolas Monnot, de Quincey, » Communiants, 400.

1767. — « Le nommé Gay fait depuis 30 années les fonctions de recteur d'école à Corgoloin et dépendances. Il est âgé de 71 ans et néanmoins le curé et, les trois quarts et demi des paroissiens, à raison du talent qu'il a d'instruire la jeunesse, conformément aux règlements, désirent le conserver et renouveler sa convention. Mais quelques particuliers, aigris de ce que ce maître, à l'instigation du curé, avoit châtié leurs enfants pour avoir publiquement chanté une chanson scandaleuse, se mutinent à vouloir le destituer et lui firent sommation en conséquence le 23 juin, veille de l'échéance de sa convention.

« Il parait qu'il n'y a que de l'humeur.dans le procédé des habitants de·Corgoloin qui s'opposent à le renouveller dans ses fonctions, tous les paroissiens et le curé même déposent en sa faveur et voudroient se le conserver. Mais comme il est juste que cet ancien serviteur de la communauté, de Corgoloin, âgé de 71 ans, ne soit pas réduit à mourir de misère, plusieurs et des plus notables de la communauté voudroient qu'en le remerciant à l'expiration de son tems il leur fût permis de lui faire une pension viagère. » C. 1485

1783. — « Les habitants de Corgoloin ont fait choix, de l'agrément de leur curé, du nommé Pierre Marot, pour les servir en qualité de recteur d'école pendant l'espace de trois années, et ils ont fait avec lui une convention qui assigne à ce recteur 120 livres de gages, indépendamment des mois des écoliers et des assistances à l'église, de l'exemption de la taille et d'une quête de vin dans le tems de la vandange, sauf à recevoir deux gerbes de bled des particuliers qui ne récolteront point de vin. » Id.

1784. — « Les habitants de Corgoloin ont fait une nouvelle convention avec le nommé Nicolas Frémy, e' .ui assignent 120 livres de gages annuels. » Id.

1786. — « Les habitants de Corgoloin ont choisi pour leur recteur d'école et pour remplacer le nommé Marot, Thomas Clerc avec lequel ils ont fait une convention qui dôit durer 3 années commencées le 22 janvier 1786, et qui lui assigne 120 livres de gages annuels payables par imposition, ainsi qu'une portion de bois. Convenu que le recteur d'école écrira gratis les délibérations de la communauté et sera tenu de recevoir dans sa classe, deux fois par semaine, les pauvres enfants qui lui seront désignés par le sieur curé et de leur enseigner gratuitement leur catéchisme avec le même zèle qu'aux autres enfants. » Id.

CORPEAU 1670. — « Gages d'un maistre d'escolle. » (Enquête Bouchu, arch. de la Côte-d'Or.)

1750. — « Louis Gouveneau, recteur d'école. » (Registre des baptêmes, mariages et sépultures de la paroisse de Corpeau.).

1754. — « Dominique Cugny, recteur d'école. » (Id.)

1768. — « Henri Gilli, recteur d'école. » (Id.)

1770. — « Le 4 novembre 1770, François Robert, recteur d'école, convint de servir la communauté de Corpeau en cette qualité, moyennant 70 livres de gages. » C. 918.

1772. — « François Chapuis, recteur d'école. » (Registre, etc.)

1773. — « Toussaint'Duprey, recteur d'école. » (Id.)

1777. — « Claude Guichard, recteur d'école jusqu'en 1789. » (Id.)

FUSSEY 1670. — « Gages d'un maistre d'escolle. » (Enquête Bouchu, arch. de la Côte-d'Or.)

1672. — « Nicolas de la Salle, maistre d'escole. »

1769. — « Le 24 décembre 1769, les habitants de Fussey choisirent le nommé Lazare David pour leur recteur d'école, et convinrent de lui payer 60 livres de gages chaque année et en deux termes. » C. 922.

MAREY 1786. — « Les habitants de Marey ont fait avec le nommé François La Baule, leur recteur d'école, une nouvelle convention pour 3 années aux gages de 60 livres par an, avec les rétributions pour les mois des écoliers et les assistances à l'église. » C. 1510.

MARIGNY 1775. — « Le 1er janvier 1775, les habitants de Marigny ont fait avec le nommé Antoine Chavanne une convention pour leur servir de recteur d'école pendant 3 années avec gages annuels de 48 livres outre les assistances à l'église et les mois des écoliers. Cette convention porte que ce recteur sera exempt de toutes charges de communauté. » C. 1512.

1788. — « Les habitants de Marigny et dépendances ont fait choix du nommé Bernard Saclier pour leur recteur d'école et passé avec lui une convention pour 3 ans, aux gages annuels de 96 livres payables en deux termes égaux. » Id.

Mavilly 1672. — « Philippe Mathieu, maistre d'escole. »

1788. — « François Chauvenet, recteur d'école aux gages de 100 livres payables par la voie de l'imposition. » C. 920.

Méloisey 1670. — « Les charges ordinaires sont un maistre d'escolle à qui la communauté a promis annuellement douze escus. » (Enquête Bouchu, arch. de la Côte-d'Or.)

1672. — « François Roidot, maistre d'escole. »

1770. — « N. La Bazerolle, recteur d'école. » C. 926.

Merceuil 1672. — « Pierre Potasse, maistre d'escole. »

1690. — « Le maistre d'escole n'a point d'institution. Sa mère enseigne les filles : elle n'a point non plus d'institution, parce qu'on n'est point encore assuré de leur probité. »

1705. — « Il y a un maître d'école. »

Meursault 1670. — « Gages d'un maistre d'escolle. » (Enquête Bouchu, arch. de la Côte-d'Or.)

1684. — « Le maistre d'escole se nomme Claude Poinet. Le curé et les fabriciens en sont contans. » Communiants, 650.

Montagny 1704. — « Nicolas Bailly, recteur des basses écolles, a soin d'instruire la jeunesse et s'acquitte de son devoir, selon le témoignage du sieur curé. » Communiants, 200.

1789. — « Demande (le syndic) lui être passé la somme de 37 livres 10 sous qu'il a payée au sieur Claude Durand, recteur d'école audit Montagny, pour le second quartier de ses gages, conformément à son marché duement homologué par Mgr l'intendant. » C. 933.

Monthelie 1773. — « Le sept septembre 1773, les habitants de Monthelie ont choisi le nommé Jean Giboulot pour leur rectour d'école avec lequel ils ont fait une convention pour six années, aux gages annuels de 100 livres payables par quartiers, outre les assistances à l'église et les mois des écoliers. » C. 935.

MURESANGES 1670. — « Philibert Tenot, maistre d'escole. »

1684. — « Le maistre d'escole s'appelle Philippe Thenot. Il sert depuis six ans et n'a point nostre institution. Nous luy avons ordonné de prendre et d'observer nos règlements pour les petites escoles. »

1690. — « Le maistre d'escole est approuvé par M. l'archidiacre. »

1704. — « Le recteur des basses écoles s'acquitte bien de son devoir, selon le témoignage du curé et des fabriciens. » [1]

NANTOUX 1785. — « Les habitants de Nantoux ont fait choix du nommé Jean Flagé pour les servir en qualité de recteur d'école pendant 3, 6 ou 9 années, et ils lui ont assigné 60 livres de gages annuels indépendamment des mois des écoliers et des assistances à l'église, plus une rétribution de 8 pintes de vin par chaque habitant, dans le temps des vendanges, ou 20 sols pour en tenir lieu. » C. 939.

1786. — « Les habitants de Nantoux ont fait choix du nommé Nicolas Frémy pour les servir en qualité de recteur d'école pendant 3 années, et ils ont passé avec lui une convention qui lui assigne 60 livres de gages par an, outre les mois des écoliers et les assistances à l'église, et la jouissance de 10 ouvrées de vigne pour lui tenir lieu des rétributions qu'on lui donnoit cy-devant. » (Id.)

PERNANT 1670. — « Gages d'un maistre d'escolle. » (Enquête Bouchu, arch. de la Côte-d'Or.)

POMMARD 1670. — « Gages d'un maistre d'escolle. » (Enquête Bouchu, arch. de la Côte-d'Or.)

1. Visite faite à Marigny la même année : « Nous avons remarqué qu'il n'y avoit point de maître d'école. Les enfans sont instruits par le maître d'école de Mursange. Les habitans dudit lieu nous ont exposé leur impossibilité d'en avoir un à cause de la misère des temps.

1739. — « Il y a un maître et une maîtresse d'école, de bonnes mœurs. » Communiants, 900.

1746. — « François Roussel, recteur d'école, aux gages de 60 livres en argent, six pintes de vin ou 15 sols en argent par chaque habitant vigneron, 15 sols par chaque laboureur, 4 sols par les femmes veuves, les honoraires pour le service de l'église, et les mois des écoliers, soit : 3 sols par mois pour ceux qui apprennent à lire, 5 sols pour ceux qui apprennent à écrire, 6 sols quand ils apprendront à *lire en procès*, 8 sols pour l'arithmétique et 10 sols pour le chant. » C. 947.

1753. — « Continuation de la présente convention pour neuf années à commencer au 1er janvier 1753. » Id.

1762. — « Continuation de la présente convention, signée par le curé et 48 chefs de famille, pour 9 années à commencer au 1er janvier 1762. » Id.

1769. — « Jean-Baptiste Tainturier, recteur d'école. Les habitants de Pommard assemblés en conséquence de l'ordonnance du 12 janvier dernier, qui leur fait défense de porter les gages de leur recteur d'école à plus forte somme que 150 livres, ont déclaré que s'ils ont fixé les gages à 300 livres ce n'a été que dans la vue de dédommager ce recteur de la quête que M. l'intendant avoit supprimée, qui par commune année pouvoit aller à pareille somme, y compris 60 livres : gage ordinaire du maître d'école, que d'ailleurs ils ne croyent pas qu'il y ait excès dans cette fixation, qu'au surplus sans la somme de 300 livres il ne leur seroit pas possible de trouver un maître d'école. » Id.

1773. — « Les habitants de Pommard pour se procurer un recteur d'école, au défaut du nommé J.-B. Tainturier qui les a quittés pour aller être celui du bourg de Chagny, ont délibéré le 14 mars 1773 de faire un *concours* pour en choisir un capable de servir leur paroisse. Leur choix a été porté sur le nommé Philibert Tiercin, habitant dudit Pommard, avec lequel ils sont convenus à 300 livres pour gages, outre ses assistances à l'église et les mois des écoliers. » Id.

1783. — « Les habitants de Pommard, qui sont contents du nommé Tiercin, leur recteur d'école, ont fait avec lui une nouvelle convention pour 9 années, aux mêmes clauses et conditions que la précédente. La fabrique lui a assigné aussi la jouis-

sance d'une ouyrée de chenevière et des noyers qui y sont em-
plantés. » (Id.)

Puligny 1669. — « Antoine Bossu, recteur d'école. » (Reg. des
baptêmes, sépultures, mariages de la paroisse de Puligny.)

1675. — « Abraham Denavagne, recteur d'école. » (Id.)

1683. — « Louis Leduc, recteur d'école. (Id.)

1684. — « Pierre Cottu, recteur d'école. » (Id.)

1685. — « Claude Vincend, recteur d'école. » (Id.)

1687. — Pierre-Nicolas Faladoux, recteur d'école. » (Id.)

1690. — « Le maistre d'escole fait bien son devoir depuis trois
ans qu'il est dans la paroisse, »

1695. — « Claude Nicolas, recteur d'école. » (Id.)

1702. — « Pierre Falladoux, recteur d'école. » (Id.)

1718. — « Jean Letort, recteur d'école. » (Id.)

1733. — « Louis Letort, recteur d'école. » (Id.)

1773. — « François Chapuis, recteur d'école jusqu'en 1806. »
(Id.)

Saint-Aubin 1708. — « Mre Vincent Gandelot, maître d'école. »
Communiants, 400.

1780. — « Le nommé Garnier exerce les fonctions de recteur
d'école dans la paroisse de Saint-Aubin depuis près de 15 ans,
sans autre titre qu'une convention non homologuée qui n'a plus
lieu que par réconduction tacite. Ce particulier ayant négligé
ses devoirs, les habitants l'ont prévenu par sommation qu'ils
étoient dans l'intention de prendre un nouveau maître, qu'il eût
à s'abstenir de faire aucune fonctions et à se pourvoir d'une
autre place dans le courant du mois. » C. 953.

1789. — « Requête par laquelle le sieur Poussard, curé de
Saint-Aubin, expose que le nommé François Lyonnet exerce les
fonctions de recteur d'école dans sa paroisse, en vertu d'une
convention informe et non signée du curé, que d'ailleurs il
s'acquitte très mal de son devoir et qu'il veut exercer des
contraintes contre la communauté pour se faire payer du service
qu'il n'a point ou qu'il a mal fait. Demande que sa convention
ne soit point homologuée et qu'il lui soit fait défense de continuer à se prévaloir de cette convention tant pour exercer les

fonctions de recteur d'école que pour exiger son salaire. — Il faut entendre et le recteur d'école et les habitants.

» Soit la présente requête communiquée au nommé François Lyonnet, recteur d'école, pour y répondre dans quinzaine, comme aussi aux habitants de Saint-Aubin dans une assemblée générale de la communauté, qui sera convoquée à la diligence de l'échevin en exercice, en la manière accoutumée, à l'effet de délibérer sur l'objet de ladite requête. » (Id.)

SAINTE-MARIE-LA-BLANCHE 1672. — « Georges Despierres, maistre d'escole. »

1690. — « Le maistre d'escole n'a point d'institution. »

1704. — « Je me suis informé dudit sieur curé et des habitants si Nicolas Leblanc, recteur des basses escoles, s'acquitoit bien de son devoir, tant envers ledit sieur curé qu'à l'égard des instructions qu'il doit faire aux enfants et du bon exemple qu'il doit à la paroisse. M'ont respondu unanimement et au conspect de toute la paroisse assemblée sous le chapiteau de ladite église aux sons de la cloche, lesdits sieur curé, sindic de la communauté, fabriciens et autres habitants soussignés, et ont déclaré que ledit Nicolas Leblanc manquoit dans tous ses devoirs, tant à l'esglise qu'à l'instruction des enfants, étant même d'un très méchant exemple à toute la paroisse, ayant plusieurs fois blasphémé le saint nom de Dieu en présence desdits habitants, tant de ceux qui ont signé le présent verbal, que de ceux qui ont déclaré ne sçavoir signer, sur lesquelles plaintes desdits habitants nous nous sommes proposés d'en escrire à monseigneur l'evesque pour y pourvoir. »

1786. — « Jacques Ecard, institué recteur d'école. » C. 955.

SAINT-ROMAIN 1690. — « Un, maître d'escole depuis peu, non examiné ni institué. »

1704. — « On rend bon témoignage de la conduite du recteur des basses écoles. »

SAVIGNY 1670. — « Gages de maistre d'escolle. » (Enquête Bouchu, arch. de la Côte-d'Or.)

1672. — « Jean Despierres, maistre d'escole. »

1684. — « Il y a un maistre d'escole, appelé Jean de la Cour, capable, suivant que le sieur curé nous en a certiffié. Il sert depuis dix ans, approuvé verballement par nostre archidiacre de Beaune. » Communiants, 500.

1786. — « Convention faite le 19 décembre 1786, avec le nommé Jean Giboulot, recteur d'école pour 3 ans. » C. 962.

1788. — « François Laboureau, recteur d'école, pour 6 années. » (Id.)

SERRIGNY 1670. — (Hameau de Buisson.) « Les charges ordi-naires sont communes avec celles des autres communautés de la paroisse de Serrigny, à la réserve des gages d'un maistre d'es-colle qui sont à leur seule charge. » (Enquête Bouchu, arch. de la Côte-d'Or.)

1672. — « Claude Le Fol, maistre d'escole. »

THOREY-SUR-OUCHE 1777. — « Le 4 mai 1777, les habitants de Thorey ont choisi le nommé Antoine Bannelier pour les servir en qualité de recteur d'école pendant l'espace de 3 ou 6 années, moyennant les gages annuels de 96 livres payables par quartier, indépendamment des mois des écoliers et des assistances à l'é-glise, avec exemption de taille royale ainsi que de toutes charges de communauté. » C. 968.

1783. — « Après l'expiration de la convention du 4 mai 1777, les habitants en ont passé une nouvelle avec le nommé Banne-lier pour 9 années le 4 mai 1783, aux mêmes clauses et condi-tions. » (Id.)

VIGNOLLE 1784. — « Le sieur Charpy, curé de Vignolle, et dépendances, expose que dans cette paroisse le payement des gages du recteur d'école et des sonneurs se fait, non pas au marc la livre de la taille, mais par égale portion entre les habitants, en sorte que le pauvre paye autant que le riche, que cette fausse répartition jointe au défaut d'une convention en règle et homo-loguée par M. l'intendant a excité la réclamation du pauvre, au moyen de quoi le recteur d'école et les sonneurs ont préféré cesser leurs fonctions, plutôt que de s'exposer à autant de procès qu'il y a d'individus pour avoir le payement de leurs gages.

Jean Modon, recteur, avoit 100 livres par an. En conséquence ledit Charpy demande qu'il plaise à M. l'intendant d'ordonner aux habitants de Vignolles et des hameaux en dépendants de s'assembler à l'effet de faire choix d'un recteur d'école aux gages qui seront convenus, lesquels seront répartis au marc la livre de la taille, collectés par le collecteur de la communauté et payés annuellement à ceux qui seront choisis pour remplir les fonctions. » C. 970.

1784. — « En exécution de l'ordonnance cy-dessus les habitants de la paroisse de Vignolle se sont assemblés et ils ont fait choix du nommé Louis Vollot pour les servir en qualité de recteur d'école. Sa convention qui doit durer 3 années lui assigne 100 livres de gages annuels payables par quartier et par imposition, outre les mois des écoliers et les assistances à l'église. Il aura aussi la jouissance du pourtour du cimetière qui est en nature de chenevière. » (Id.)

1786. — « Le nommé Pierre Marot expose que le 26 may 1785, il fit avec les habitants de Vignolle une convention pour les servir en qualité de recteur d'école, aux gages annuels de 100 livres, mais que cette somme n'étant pas suffisante pour le faire subsister avec sa famille il quitta cette paroisse du consentement des habitants qui promirent de lui payer celle de 50 livres pour 6 mois de service. » (Id.)

1786. — « Les habitants de Vignolle et dépendances ont fait choix du nommé François Petit pour les servir en qualité de recteur d'école et ils ont passé avec lui une convention qui doit durer 6 années et qui lui assigne 100 livres de gages annuels payables par quartier et dont le 1er écherra le 7 juillet 1786, attendu que cette convention a commencé à avoir lieu le 7 mai précédent. Il percevra en outre les mois des écoliers et les rétributions ordinaires pour les assistances à l'église. (Id.)

1788. — « Les habitants de la paroisse de Vignolle, Paquier et Chevignerot, ont fait avec le nommé Jean Bailly une convention pour les servir en qualité de recteur d'école pendant une année seulement, payable par quartier et par imposition, outre les rétributions ordinaires pour les mois des écoliers. Il est entré en fonctions le 1er novembre 1787. Il jouira comme ses prédécesseurs du contour du cimetière qui est en nature de chenevière.

Il sera exempt de toutes charges de communauté et impositions royalles. » (Id.)

1788 26 juillet. — « Dotation de 8,100 livrès montant de trois contrats sur la Province et fondation perpétuelle d'une sœur de charité dans la paroisse de Vignolle et dépendances pour tenir une escole gratuite pour l'instruction des jeunes filles et soigner les malades, par M. le marquis et Mme la marquise d'Agrain, seigneur et dame dudit lieu, à l'instar de l'établissement par eux fondé dans la paroisse de Puligny. » (Id.)

VILLERS-LA-FAYE 1767. — « Il y a trois ans que le nommé Revardot fut nommé recteur d'école des communautés de Villers-la-Faye et Magny, aux conditions de lui donner 80 livres par an et la quête de vin, mais comme un grand nombre d'habitants n'ont donné aucune quête de vin au nommé Revardot, ce qui lui fait une perte considérable, il demande qu'il soit fixé une somme pour lui tenir lieu de laditte quête... La convention dont se prévaut aujourd'huy le recteur d'école de Villers-la-Faye et Magny est contre la règle en ce qu'elle lui accorde, outre la quête de vin, l'exemption de toutes charges. Elle est d'ailleurs périmée, attendu qu'elle n'a été faite que pour un an et qu'elle est du 10 juin 1767. Je vous prie en conséquence de mander les échevins et de leur dire que si leur communauté est contente des services du recteur d'école actuel il est à propos qu'elle fasse avec lui une nouvelle convention par laquelle elle stipule une somme fixe, imposable chaque année, et si vous pensez que le recteur d'école soit dans le cas d'obtenir un dédommagement, la communauté sera à même de le lui accorder sur le prix du nouveau marché. » C. 1551.

1771. — « Estienne Esmonin, recteur d'école, aux gages de 80 livres. » (Id.)

Convention du 16 juin 1771 par laquelle ce recteur s'engage entre autres choses « de porter honneur et respect à tous les habitants de la paroisse, de traiter avec douceur et charité les enfants et de les conduire modestement à l'église pour y entendre la messe lorsque M. le curé la dira, de faire faire la prière tant en latin qu'en françois le soir et le matin par l'enfant qui sera désigné... » (Id.)

1784. — « Estienne Esmonin, recteur d'école aux gages de 150 livres.

» Payeront audit recteur d'école cinq sols par mois pour un enfant qui apprendra à lire, 8 sols pour écrire et 10 sous pour chiffrer. » (Id.)

VILLY 1672. — « Nicolas Darlin, maistre d'escole. »

1704. — « On m'a rendu bon témoignage de la conduitte de François Guillemot, recteur d'école. »

1785. — « Jacques Denizot, recteur d'école à 120 livres de gages. » C. 1553.

1788. — « Le nommé Denizot qui étoit recteur d'école à Villy est mort le 10 novembre 1788. Les habitants de cette paroisse assemblés ont nommé à sa place François Barillier, âgé d'environ 20 ans. Cette nomination paroit avoir été faite d'une · voix unanime, sauf 2 habitants qui se sont retirés sans vouloir s'expliquer. » (Id.)

1789. — « Cette nomination qui n'avait été faite que par des habitants ne fut pas homologuée par l'intendant et elle fut annulée dans une assemblée des habitants tenue le 4 janvier 1789.

» Les habitants de la paroisse de Villy se sont assemblés en exécution de l'ordonnance cy-devant (4 avril 1789) par-devant Sauvageot, notaire à Argilly, et il en résulte que la majorité des suffrages a été en faveur du nommé Jean Bailly qui exerce les fonctions de recteur d'école à Vignolle. Jean Bailly a eu 59 voix et François Barillier 37. En conséquence les habitants de Villy ont fait avec Bailly une convention pour 3 ou 6 années, aux gages de 120 livres. » (Id.)

VOLNAY 1670. — « Gages du maistre d'escolle, 50 livres. » (Enquête Bouchu, arch. de la Côte-d'Or.)

1781. — « N. Marot, recteur d'école depuis 16 années. »

1782-1793. — « Joseph Daumas, recteur d'école. »

ARCHIPRÊTRE DE CORBIGNY

BAZOCHES 1607. — « Le nommé Louys Barbier enseigne la jeunesse en un village de la paroisse, nommé Champignolle,

esloigné de demy-lieue de l'esglise où il assiste et aide quelque
fois au service. Il s'est establi audit lieu de sa propre authorité
et y enseigne les filles et les garçons qui veullent aller à l'escolle
chez luy. » Communiants, 550.

CORBIGNY 1667. — « Le nommé François Guilmain est maistre
d'escolle. Il y a deux maistresses d'escolle audit Corbigny, sçavoir : dame Anne Lombard, fille de feu maistre François Lombard, laquelle n'est pas mariée, et l'autre est nommée dame
Jeanne Courtet, femme de Mre Pierre Edmelémo, peintre. Elles
enseignent les petits garçons et les petites filles ensemble,
leur montrent à lire et à escrire et quelque chose du catéchisme ;
nous en avons interrogé quelques-unes qui ont assez bien respondu. Elles n'ont point esté establies par messieurs de la ville à
cet exercice. Elles nous ont dit qu'elles se sousmettroient aux
ordres de Mgr d'Autun en tout ce qu'il luy plairoit de leur
ordonner. »

1700. — « Nous avons continué et confirmé Sébastien Coppin
dans sa fonction de maistre d'escole, sur le bon rapport qui nous
a esté faict par le sieur curé (François Michard), docteur de
Sorbonne, de sa conduitte et de sa capacité. » Communiants, 600 pour la paroisse de Saint-Seine seulement.

CUSSY 1700. — « Et nous estant informés s'il y avoit un maistre
d'escole, le sieur curé (Jean Donouan, docteur de Sorbonne) nous
a dit qu'il prenoit ce soing là luy mesme, dont nous avons loué
son zèle et sa charité. » Communiants, 120.

GACOGNE 1667. — « Il n'y a point de maistre ny de maistresse
d'escolle. Le sieur curé (Pierre Marion) prend la peine d'enseigner quelques jeunes enfants. » Communiants, 400.

LORME 1667. — « Les jeunes garçons et les petites filles sont
à présent enseignéz séparèment par Mre N. Colas, prestre et
chappelin des dames Ursulines, partie aussy par lesdites dames
et par Mre Antoine Bailly et dame Marie Bouché, femme de
Mre Anthoine Flandin, qui ne se sont point trouvéz à nostre
visitte, qui font à présent ces fonctions en attendant qu'eux et

Messieurs de la ville ayent fait choix d'un maistre d'écolle et d'une maistresse qu'ils gageront et obligeront de se représenter devant Mgr d'Autun pour juger de leurs çapacités et suivre ses ordres. »

1700. — Nous avons confirmé le sieur Blaize Darlot, maistre d'escole du lieu, dans sa fonction, sur le bon rapport qui nous a esté fait de sa conduitte par le sieur curé et autres paroissiens présents à nostre visitte. » Communiants, 800.

1707. — « A esté ordonné que le recteur des petites escholes auroit deux chambres particulières et séparées, l'une pour les garçons et l'autre pour les filles, ce qui s'est observé, depuis ce temps. »

NEUFONTAINES 1700. — « Avons ordonné que les paroissiens s'assembleront incessamment pour faire droit au sieur Millin, maistre d'escole de la paroisse, sur ce qu'il nous a remonstré qu'il n'estoit suffisamment ny bien payé des droits qui luy ont esté promis et qui ne suffisent pas pour son entretien, en sorte que comme lesdits paroissiens sont nécessités de se conserver un maistre d'escole, nous avons ordonné que lesdits droits seront exactement payés à l'avenir et qu'à la première assemblée ils augmenteront encore lesdits droits et pensions du maistre d'es-cole, pour qu'il puisse subsister et leur continuer ses services, et pour ce l'avons confirmé dans sa fonction, à condition qu'il fera sa classe pour les garçons séparément avec les filles. » Communiants, 350.

SAINT-MARTIN-DU-PUITS 1692. — « S'est présenté à nous Guil-laume Coquard, aagé d'environ vingt huit ans, et libre, n'estant point engagé dans le mariage, pour faire la fonction de maistre d'escole dans ce lieu et servir le sieur curé dans son ministère. L'ayant examiné, fait lire, escrire et chanter, nous l'avons trouvé suffisament capable d'y faire ladite fonction pour cedit lieu, pour quoy nous l'avons admis, veu le consentement des habitans. »

1700. — « Nous avons confirmé Pierre Cerveau, maistre d'es-cole, dans sa fonction. » Communiants, 450.

ARCHIPRÊTRÉ DE COUCHES

BAUBIGNY 1704. — « Maître d'école, Louis Gallopin. »

CHANGE 1684. — « Il y a un maistre d'escole. »
1739. — « Il y a un maître d'école. Il n'a point d'institution. »
Communiants, 200.

CHEILLY 1672. — « Claude Brûlé, maistre d'escole. » Communiants, 212.

COUCHES 1684. — « Quoy que ledit bourg soit grand et soit peuplé, cependant il n'y a point de maistre pour les petites escoles, mais deux régentes qui enseignent les filles. »
1699. — « Lazare Chambard, recteur des petites écoles de Couches. »

NOLAY 1684. — « Le maistre des petites escoles s'appelle Claude Baillif et est approuvé pour le bourg. » Communiants, 1800.
1739. — « Il y a un bon maître et une bonne maîtresse d'école. » Paroissiens, 2500.
1780. — « En 1710, le président Durey, originaire de Nolay, donna 10,000 livres et 200 livres de rente pour l'école. » [1]

SANTENAY 1672. — « Claude Alexandre, maistre d'escole, enseignera dans la semaine les prières et le texte du catéchisme que l'on doibt faire le dimanche suivant. » Communiants, 700.
1761. — « Le nommé Dupont fit, le 1er janvier 1761, convention avec les habitants de Santenay de les servir en qualité de recteur d'école pour 6 années consécutives, à commencer du 1er mars suivant, aux gages de 40 l. payables moitié par la fabrique et moitié par les habitants. On lui promit en outre annuellement et par forme de payement lors des récoltes, savoir :

1. Courtépée, *Description du duché de Bourgogne*, nouv. édit., t. II, p. 336.

le laboureur une gerbe, et le vigneron du vin à sa volonté. Cette convention finit le 28 octobre 1766 et elle fut renouvelée pour 6 autres années, aux mêmes clauses. » C. 956.

SAINT-BERAIN-SUR-DHEUNE 1729. — « Parmi les prêtres qui ont administré la paroisse de Saint-Berain, nous citerons M. Gruyère qui, par son testament, créa en 1729 une rente annuelle de 600 livres destinée à payer un instituteur. » [1]

SAINT-PIERRE-DE-VARENNE 1775. — « Dominique Lucotte, recteur d'école. »

ARCHIPRÊTRÉ DE DUESMES

AIGNAY-LE-DUC 1667. — « Le maistre d'escole avec quelques paroissiens chantent au cœur. Il se nomme Blaise Laignet, agé de cinquante ans, natif de ce lieu et establist par convention faicte par les habitants. Il enseigne les garçons et les filles à lire, escripre, le plain-chant et le catéchisme, et est capable de cette charge. » Communiants, 400.

1681. — « Le maître d'école n'a point d'approbation. » Communiants, 600.

1689. — « François Laignet, maître d'école, institué et bon homme. »

AMPILLY 1689. — « Le maître d'école, nommé Jean Poiteliers, enseigne les filles et les garçons. » Communiants, 300.

BAIGNEUX-LES-JUIFS 1667. — « Il y a une escole particulière dont le recteur se nomme Guillaume Ladmiral, aagé de cinquante ans, natif de Gissey-sous-Flavigny, enseigne à lire, escripre, l'aristeméthique, le catéchisme et le plain-chant, et les filles y vont avec les garçons. Il y a convention faicte avec les habitants du lieu, du 17 apvril 1666. » Communiants, 500.

1. *Annuaire de Saône-et-Loire pour 1862*, p. 301.

BELLENOT 1667. — « Il y a une escole particulière dont le maistre se nomme Claude Hémery, aagé de soixante et dix ans. Il enseigne à lire et escripre aux enfants. Il y a une convention verballe faitte avec les habitants du lieu. » Communiants, 120.

1681. — « Il y a un maître d'école sans institution. » Communiants, 212.

1689. — « Le maître d'école, non institué, enseigne les filles avec les garçons. M. le curé en rend bon témoignage. »

BILLY 1667. — « Il y a un maistre d'escole, mais n'ayant aulcun gage et les habitants ne luy en voullant point donner. » Communiants, 250.

1681. — « Le maître d'école n'a pas son institution. »

1689. — « Le maître d'école, nommé Laurent Vandreuve, bon et institué, enseigne les filles avec les garçons. »

1775. — « Par un traité fait le 7 décembre 1775, entre les habitants de Billy et le nommé Pierre Roy, maître d'école, il fut convenu que les habitants lui payeroient annuellement la somme de 60 livres dont 20 seroient à la charge des habitants des métairies qui dépendent de la paroisse. » C. 1169.

BONNOTTE 1780 — « La fondation d'un recteur d'école et d'une école de charité, faite par Étienne Mathieu en 1767, a été annulée, à la poursuite de ses parents, par arrêt du parlement, le 10 février 1780, pour n'avoir pas été enregistrée. » [1]

BRÉMUR 1681. — « Il y a un maître d'école sans institution. » Communiants, 70.

CHANCEAU 1667. — « Il n'y a qu'une escole particulière dont le recteur est Noël Potenier, lequel a transigé avec les habitants dudit lieu, comme il nous a apparu par le contract, receu Pingon, notaire, du 24 may 1666. Il enseigne à lire, escripre, l'aristomethique, le catéchisme et à chanter. Les filles y sont avec les garçons. » Communiants, 250.

---

1. Courtépée, *Description du duché de Bourgogne*, nouv. édit. t. IV, p. 245.

1681. — « Le maître d'école a son institution. » Communiants, 300.

1689. — « Le maître d'école, nommé Henry Harvin, bon et approuvé, enseigne les filles avec les garçons. »

CHAUME 1681. — « Le maître d'école a son institution. » Communiants, 250.

1689. — « Le maître d'école, nommé Jean Royer, institué, assez instruit, mais fait rarement le catéchisme et a toujours été sujet au vin, aux querelles et aux blasphèmes. Le sieur curé assure néantmoins qu'il s'est un peu corrigé depuis les menaces que luy a faites le sieur archiprêtre. »

ESTALENTE 1667. — « Le maistre d'escole ayde à chanter au chœur. » Communiants, 400.

1681. — « Le maistre d'escole est approuvé par Mgr. » Communiants, 450.

1689. — « Le maître d'école est bon et institué, enseigne les garçons et les filles ensemble, fait rarement le catéchisme, ne le sçachant trop luy même. Il se nomme Pierre Desroyers. »

ESTORMAY 1667. — « Le maistre d'escole et les principaux paroissiens aydent à chanter au chœur. Ledit maistre d'escole est capable et enseigne les enffants à la satisfaction des paroissiens. » Communiants, 140.

1689. — « Le maître d'école, nommé Estienne Remy, non institué, pas trop bien instruit des mystères, assez bon. » Communiants, 120.

FONTAINE 1681. — « Il y a un maître d'école approuvé, mais extrèmement scandaleux. » Communiants, 240.

1689. — « Le maître d'école, nommé Jacques Thétard, non institué, fait bien son devoir. »

FROLOIS 1681. — « Le maître d'école n'a point d'institution. » Communiants, 500.

1689. — « Nicolas Petitot, maître d'école, institué, enseigne les seuls garçons. Il y a une fille, nommée Bénigne Féneau, de très bonnes mœurs, envoyée par madame Languet, qui demande à être approuvée. »

1757. — « Les habitants de la paroisse de Frolois et dépendances firent choix d'un nommé Guy Maurage pour leur recteur d'école et passèrent avec lui une convention par laquelle ils lui assignèrent 76 livres de gages annuels. »

« Construction de la maison rectorale de Frolois, autorisée par ordonnance du 25 juillet 1786, au prix de 3,278. » C. 1182.

1780. — « Cl. Poncerot, curé, a establi en 1762 une école de filles qui procure un grand bien à la paroisse, par le choix qu'il a su faire d'une bonne maîtresse. » [1]

Jours 1667. — « Il y a un maistre d'escole, nommé Quantin Verrier, natif de Fontaine, aagé de quarante ans, enseigne à lire, escripre et le catéchisme. Il a esté establist par les habitants dudit lieu, du consentement du sieur curé, moyennant la somme de vingt livres et exemption de tailles. La convention est du 24 janvier 1665. » Communiants, 140.

1681. — « Le maître d'école n'a point d'institution. »

1689. — « Le maître d'école, bon et institué, enseigne les filles avec les garçons. »

1787. — « Le 13 mai 1787, les habitants de la paroisse de Jour ont fait une nouvelle convention pour 3, 6 ou 9 années commencées le 1er du même mois, avec le nommé Nicolas Maurice, leur recteur d'école, auquel ils ont assigné 110 livres de gages par an, outre les rétributions ordinaires pour les mois des écoliers et les assistances à l'église. » C. 1366.

Magny-Lambert 1681. — « Le maître d'école n'a point d'institution. » Communiants, 140.

1689. — « Michel Millot, bon maître d'école, institué, enseigne les filles avec les garçons, mais non pas ensemble. »

Mauvilly 1681. — « Le maître d'école n'a point d'institution. » Communiants, 200.

---

1. Courtépée, *Description du duché de Bourgogne*, t. IV, p. 268.

MEULSON 1667. — « Il y a une escole particulière. Le recteur est Jean Morin, aagé de vingt ans, natif en ce diocèse. La permission d'enseigner luy a esté donnée par la communauté. Il enseigne à lire, escripre et le catéchisme aux enffants. » Communiants, 300.

ORIGNY 1681. — « Il n'y a point de maître d'école. Le curé enseigne les enfants. » Communiants, 90.

POISEUL-LA-VILLE 1667. — « Il y a en oultre un maistre d'escole particulière. Son nom est Estienne Petiton, aagé de soixante ans, natif du Comté. Il est établist audit lieu par permission du sieur curé et des habitants qui ont convenus avec luy pour enseigner à lire et escripre, les rudimens et le catéchisme. » Communiants, 300.

1689. — « Le maître d'école, nommé Marcel Ciredey, bon, institué, enseigne les filles avec les garçons. » Communiants, 300.

QUEMIGNY 1681. — « Il y a un maître d'école qui n'a pas d'institution. » Communiants, 400.

1689. — « Le maître d'école, nommé Jean Barbier, non institué quoique bon d'ailleurs, enseigne les garçons et les filles ensemble. »

SAINT-GERMAIN-LA-FEUILLE 1689. — « Le maître d'école, institué, s'absente quelquefois les fêtes et dimanches et enseigne les filles avec les garçons. » Communiants, 200.

1770. — « Le 11 février 1770, les habitants de cette communauté firent convention avec Antoine Sonnotte pour leur servir de recteur d'école pendant 3, 6 ou 9 années, à la condition qu'il lui serait paié chaque année 12 sous par chaque habitant et 6 sous par les veuves. »

« Vu la présente requête, la convention faite avec la communauté de Saint-Germain-la-Feuillée le 11 février 1770, et l'institution à lui délivrée par le vicaire général d'Autun, le 14 mai 1770, nous avons cassé et annullé ladite convention, et ordonnons aux habitants de Saint-Germain-la-Feuillée d'en passer une nouvelle par laquelle ils stipuleront une somme fixe pour

les gages du suppliant imposable sur la communauté... »
C. 1198.

SAINT-MARC-SUR-SEINE 1681. — « Le maître d'école n'a point
d'institution. » Communiants, 200.

VILLAINE 1667. — « Il y a une escole particulière qui est audict
lieu. Le recteur est capable. Son nom est le nommé Guy Jour-
dain, aagé de quarante huit ans, mais s'acquitte fort mal de son
devoir à instruire la jeunesse. Les filles sont avec les garçons
soubs le mesme maistre. » Communiants, 330.

1681. — « Il y a un maître d'école sans institution. » Communiants, 387.

1689. — « Estienne Guilleminot, bon maître d'école, enseigne
les filles avec les garçons. »

1777. — « Après le décès du nommé Chomeroy père, arrivé
au mois de décembre 1776, les habitants de Villaine ont fait avec
son fils, qu'ils ont pris pour leur recteur d'école, une convention
pour 3 années commencées le 14 février 1777, suivant laquelle
convention, ce recteur aura chaque année 120 livres de gages
outre les mois des écoliers et les rétributions de l'église. »
C. 1410.

ARCHIPRÊTRÉ DE FLAVIGNY

ARNAY-SOUS-VITTEAUX 1667. — « Il y a un maistre d'escholle
qui est fort assidu au service, quoyque sans aucune convention
de la part des paroissiens auxquels avons ordonné d'en passer
une incessamment. » Communiants, 400.

1787. — « Le recteur d'école d'Arnay reçoit de chaque habitant, pour lui tenir lieu de gages, une mesure de froment, ce
qui peut valoir, année commune, la somme de 240 livres.

» M. le subdélégué auquel il a été écrit sur l'irrégularité de cette
contribution a répondu que les habitants lui avaient promis de
faire une convention en argent et de la faire homologuer, qu'il a
eu beaucoup de peine à les y déterminer et qu'il n'est pas encore
certain qu'ils s'exécutent, d'autant plus que les habitants aisés

s'y opposeront tant qu'ils pourront parce que présentement ils ne payent pas plus que les autres, tandis que par la voie de l'imposition ils payeront davantage, ce qui est juste. Une ordonnance portant injonction aux habitants de faire une convention conforme aux principes, produira son effet. » (Suit l'ordonnance rendue par l'intendant.)

1787. — « En conséquence de l'ordonnance cy-dessus, les habitants de la paroisse d'Arnay ont fait avec le nommé Alexis Renault, leur recteur d'école, une nouvelle convention qui lui assigne 130 livres de gages annuels et qui doit durer 9 années. Il percevra en outre les rétributions ordinaires pour les mois des écoliers et les assistances à l'église. » (Suit l'homologation de cette convention par l'intendant, qui prescrit l'imposition sur les habitants par un rôle particulier au marc la livre de leur taille royale. C. 1786.

Aubigny 1728. — « Pierre Latreille, maître d'école, sans institution, et dont on est très content. » Communiants, 97.

Boussey 1728. — « Il y a un maître d'école que le sieur curé a eu soin de se procurer et dont il est content, sans autre institution néanmoins. » Communiants, 130.

1770. — « Par convention du mois de février de la présente année 1770, le nommé François Charlut a été continué pour 3 ans recteur d'école de la communauté de Boussey, moyennant 60 livres qui lui seront payées tous les ans à la Toussaints. » C. 1806.

1774. — « Le 28 décembre 1774, les habitants de Boussey et Vevres ont fait une convention pour 3, 6 ou 9 années avec le nommé Claude Munier qui s'est obligé de les servir en qualité de recteur d'école, aux gages annuels de 40 livres payables par le syndic de la communauté, outre les assistances à l'église et les mois des écoliers. » Id.

Boux 1667. — « Il y a un maistre d'escolle qui ayde à chanter au chœur. Il est establist par une convention verballe. » Communiants, 500.

1728. — « Jean Masson, maître d'école, avec institution de M. Moreau. archidiacre, en datte du 20 septembre 1699. »

CESSEY 1789. — « Les habitants de Cessey ont fait avec le nommé Jean Meulnotte une convention pour les servir en qualité de recteur d'école pendant 3, 6 ou 9 années commencées le 1er avril 1789, aux gages annuels de 100 livres payables en 2 termes égaux par imposition, outre les rétributions ordinaires pour les mois des écoliers et les assistances à l'église, avec une portion de bois communaux. » C. 1808.

CHASSEY 1667. — « Le maistre d'escolle est establist audit lieu despuis quatre ans. Son nom est François Simon, natif de Magny, aagé de soixante ans, enseigne à lire, escripre et le catéchisme. » Communiants, 120.

1728. — « Le maître d'école est un garçon dont le sieur curé est content. Il sçait chanter. Il a sa mère qui enseigne les filles. » Communiants, 140.

CIVRY-EN-MONTAGNE 1667. — « Il y a un maistre d'escole gagé pour instruire la jeunesse, natif de Vanier. Son nom est Jean Leblanc, aagé de trente ans et capable, à ce qui nous a esté attesté, de sa profession. » Communiants, 220.

1669. — « Il y a un recteur des escholles. »

1670. — « Il y a 60 livres de charges ordinaires pour un maistre d'escolle. » (Enquête Bouchu, arch. de la Côte-d'Or.)

1728. — « Le curé est content du maître d'école. »

1769. — « Le 5 février 1769, les habitants de Sivry choisirent le nommé Claude Ronget pour leur recteur d'école, aux gages de 120 livres par an. Outre cette somme, il fut dit qu'il étoit permis à Ronget de semer 4 journaux de terre de chaque espèce, de nourrir 20 brebis et 2 vaches et qu'il seroit exempt de taille et de touttes charges de communauté jusqu'à ce qu'il fût marié. » C. 652.

DOMPIERRE-EN-MONTAGNE 1667. — « Le maistre d'escole instruit la jeunesse, enseigne le catéchisme, est du pays de Normandie, se nomme Robert Playt. Sa permission d'enseigner a esté donnée par le sieur curé et les habitants. » Communiants, 120.

1728. — « Il y a un maître d'école. » Communiants, 91.

1777. — « Les habitants de Dompierre ont choisi le nommé

Collot pour leur recteur avec lequel ils ont fait une convention pour 3, 6 ou 9 années aux gages annuels de 100 livres outre les mois des écoliers et les assistances à l'église. » C. 1810.

1786. — « Le 2 février 1786, les habitants de Dompierre ont fait choix du nommé Nicolas Porteret pour les servir en qualité de recteur d'école et ils ont passé avec lui une convention qui durera autant de temps qu'ils jugeront à propos et qui lui assigne 100 livres de gages annuels, payables en 2 termes égaux, outre les rétributions ordinaires pour les mois des écoliers. Elle stipule l'exemption de taille et autres charges de communauté en faveur de ce recteur qui percevra encore une rétribution en chanvre s'il fait porter l'eau bénite les dimanches dans les maisons. » Id.

DRACY-SOUS-VITTEAUX 1789. — « Le nommé Joseph Ducreux fait depuis 20 ans les fonctions de recteur d'école dans la communauté de Dracy. Les habitants qui sont satisfaits de ses services ont passé avec lui une nouvelle convention pour 9 années aux gages annuels de 80 livres payables par imposition au marc la livre de la taille royale, outre les rétributions ordinaires. » C. 1810.

FLAVIGNY 1667. — « En laditte ville il y a escholle publique, et le recteur perçoit le revenu d'une place de sociétaire (mépartiste) et, oultre ce, 20 escuz de la communaulté ; est seul régent. Son nom est Defaux, aagé de quarante ans, natif de Meise en Lorraine. Sa permission a esté donnée par Messieurs de Saint-Genay[1] et par Messieurs de la ville, et nous a esté assuré de sa capacité, et fust receu le landemain jour de sainte Cécille, xxiii* novembre 1665. Il enseigne à la jeunesse à lire, escripre, les principes latins et faict le catéchisme tous les sabmedys. Les filles vont à l'escholle chez les Dames Ursulles. » Communiants, 1200.

1669 — « Jugement de l'intendant Bouchu qui condamne les échevins de Flavigny à payer les gages de Gabriel Deffaulx, leur recteur d'école. » C. 2893.

1. Les Mépartistes.

1728. — « Le maître d'école pourrait bien faire s'il voulait, mais il est sujet au vin, au jurement et aux imprécations. Les filles vont aux Ursulines. » Communiants, 1000.

GISSEY-SOUS-FLAVIGNY 1667. — « Il y a un maistre d'escole establist dès le troisiesme d'apvril dernier. Son nom est Pierre Valuet, natif de la Margeille, diocèze de Langres, et est obligé par sa convention d'instruire la jeunesse et ayder à chanter. » Communiants, 220.

1669. — « Pierre Valuet, maistre d'escolle. »

1728. — « Il y a un maître d'école nommé Denis Desmont, dont le sieur curé demande le changement et propose Pasquier, fils du maître de Luconay-l'Évêque.

« Le sieur curé et les principaux habitants nous présenteront une requête contenant les raisons et les motifs que l'on a à nous demander la destitution de Denis Desmont, maître d'école de la susdite paroisse de Gissey, et l'institution de Pasquier, fils du maître d'école de Luconay-l'Évêque, en sa place. — ANT. FR. évesque d'Autun. »

1763. — « Le 13 mai 1763, les habitants de la communauté de Gissey firent une convention avec le nommé Claude Gaveau qui s'obligea de faire les fonctions de recteur d'école, moyennant quoi chaque habitant lui donneroit 10 sols en argent et une demie mesure de bled consceau. » C. 1184.

1771. — « Le 8 janvier 1771, les habitants ont renouvelé cette convention avec Gaveau pour neuf années qui ont commencé au 13 mars suivant aux mêmes rétributions que ci-dessus. Le marché qui a été passé entre les habitants de Gissey et le nommé Gaveau, leur recteur d'école, ne peut pas être homologué, par la raison qu'il est stipulé que ce recteur percevra de chaque habitant 10 sols et une demie mesure de bled consceau. Cette clause est illicite et illégale en ce que les habitants pauvres sont aussi chargés que les riches... Il est donc indispensable de passer un autre marché dans lequel il ne sera question que d'imposer annuellement une somme fixe. » Id.

1778. — « Les habitants de Gissey ont fait une convention pour 3, 6 ou 9 années, qui ont commencé au 1er mars suivant, avec le nommé Pierre Bourrelier fils qui s'est obligé de les servir en qualité de recteur d'école moyennant qu'il lui sera payé annuellement pour ses gages 10 sols par chaque habitant et une demie mesure de bled froment, outre les mois des écoliers et les assistances à l'église. Cette convention porte l'exemption de toutes charges de communauté en faveur de ce recteur auquel il sera loisible d'ensemencer 2 ou 3 journaux de terre de chaque saison, de tenir une ou deux vaches et une douzaine de brebis, sans qu'on puisse l'imposer au rolle de la taille. Le sieur Bourrelier demande l'homologation de cette convention et l'imposition de la somme de 42 livres à laquelle revient la rétribution de 10 sous par chaque habitant, la communauté étant composée de 84 feux. Rien n'est plus illicite que la convention des habitants de Gissey avec leur recteur d'école. On y a stipulé précisément, contre toutes les règles, des rétributions en argent, en grains et l'exemption de taille. Il paroit convenable de renvoyer cette convention · à M. le subdélégué pour avertir les habitants de ce qu'ils doivent faire. » Id.

GROSBOIS 1667. — « Il y a un maistre d'escole de la capacité duquel, atteste ledit sieur curé. Son nom est Denis Finot, natif de Brouyn-les-Moines, aagé de dix-neuf ans. Son establissement est d'un commun consentement dudit sieur curé et des paroissiens. » Communiants, 144.

1670. — « Il y a un maistre d'escole. »

1728. — « Zacharie Levêque, maitre d'école, sans institution, dont le curé est très content. » Communiants, 300.

HAUTEROCHE 1667. — Il y a un maistre d'escolle despuis le mois de juin dernier. Son nom est Nicolas Brixon, aagé de vingt-huit ans, natif de Varenne en Picardie, diocèse d'Amiens, enseigne le catéchisme, à lire et escripre. » Communiants, 300.

1728. — « Denis Loysier, maitre d'école, à son institution. Le sieur curé en est content. » Communiants, 360.

JAILLY 1728. — « Denis Morelot, maitre d'école depuis trente ans, dont le sieur curé est content. » Communiants, 200.

MAGNY 1728. — « Le maître d'école fait son devoir. C'est un garçon qui n'a pas d'institution. » Communiants, 230.

MARCELOIS 1728. — « Claude Richard, maître d'école, sans institution, dont on est très content. » Communiants, 140.

MARCILLY-LÈS-VITTEAUX 1786. — « Les habitants de Marcilly ont fait choix du nommé Philibert Bertot pour les servir en qualité de recteur d'école et ils ont passé avec lui une convention pour l'espace de 6 ou 9 années aux gages annuels de 80 livres payables par imposition, indépendamment : 1° des mois des écoliers et des rétributions ordinaires pour ses assistances à l'église ; 2° demi-livre de pain en pâte par chaque feu tous les samedis ; 3° un logement à la charge de la communauté ; 4° l'exemption de taille et autres charges de la communauté encore qu'il ait la faculté d'ensemencer 3 journaux de terre chaque saison. Il résulte des éclaircissements fournis par M. Belime (le subdélégué), que rien ne parait s'opposer à l'homologation de la convention dont il s'agit, et que la demi-livre de pain promise au recteur d'école tous les samedis peut faire un objet de 40 livres au plus année commune. Comme ces sortes de rétributions sont en général sujettes à des inconvénients, il y a lieu en homologuant la convention de ce recteur d'école de fixer ses gages à 120 livres et de lui faire défense de percevoir cette demi-livre de pain ou de pâte. »
Homologation portant « qu'il ne sera fait aucun payement audit Philibert Bertot qu'en par lui justifiant d'un certificat signé du curé, des syndic et principaux habitants pour constater l'exactitude de son service. » C. 1812.

MARIGNY-LE-CAHOUET 1667. — « Lesdits paroissiens, conjoinctement avec ledit sieur curé, ont establist audit lieu un maistre d'escholle qui a environ trente ou quarante escholiers auxquels il enseigne à lire, escripre et le catéchisme d'Autun. Oultre plus, il y a une femme qui enseigne les filles à lire et à escripre. » Communiants, 350.

MASSINGY 1728. — « Le maître d'école n'a pas d'institution. » Communiants, 100.

1777. — « Par acte reçu Arvier, notaire à Vitteaux, le 9 mars 1777, les habitants de Massingy ont fait une convention pour le temps de 18 années commencées le 1ᵉʳ avril suivant, avec le nommé Jacques Poillevoy qu'ils ont choisi pour leur recteur d'école et auquel ils ont assigné 135 livres de gages annuels payables par demies années, outre les mois des écoliers, les assistances à l'église, l'exemption de taille et une portion dans les bois communaux. » C. 1813.

Pouillenay 1667. — « Plus, nous a esté rapporté que dans laditte paroisse il y a un maistre d'escholle et point d'escholiers. » Communiants, 300.

1728. — « Le maître d'école est viel, il fait cependant son devoir. » Communiants, 450.

1784. — « Les habitants de Pouillenay ont fait avec le nommé Jean Maloir une convention par laquelle ils s'engagent à donner annuellement à ce recteur d'école pour lui tenir lieu de gages, sçavoir chaque laboureur un boisseau de bled froment, et les vignerons ou manouvriers un demi boisseau seulement, avec du chanvre, outre les mois des écoliers et les assistances. La convention dont il s'agit est très irrégulière. Les gages du recteur d'école doivent être payés en argent et non en denrées dont la perception est sujette à beaucoup d'inconvénients. Ainsi il convient de la renvoyer à M. le subdélégué pour le prier de vérifier quel peut être, année commune, le produit de ces rétributions afin que M. l'intendant puisse en ordonner l'imposition annuelle sur tous les habitants, au marc la livre, suivant l'usage.

» Il résulte des éclaircissements fournis par M. Gautherin (subdélégué), qu'on peut fixer les gages du recteur d'école de Pouillenay à la somme de 139 livres par an, indépendamment des rétributions d'usage, au moyen de quoi il convient d'ordonner l'imposition de cette somme sur les habitants. ». C. 1196.

1789. — « Le 25 janvier 1789, les habitants de Pouillenay ont fait avec le nommé Maloir, leur recteur d'école, une nouvelle convention pour 3 années. Cette nouvelle convention fixe les gages annuels à la somme de 156 livres payables en deux termes égaux par imposition. Il lui a été promis en outre par chaque habitant un *menereau* de chanvre femelle, à condition qu'il rédigéra les délibérations de la communauté et fournira le papier marqué nécessaire. » Id.

LA ROCHE-VANNEAU 1728. — « Le maitre d'école fait son devoir. » Communiants, 350.

1770. — « Le nommé Hersant, recteur d'école, dit que par traité fait avec les habitants dudit lieu depuis environ 20 ans, il a fait les fonctions de recteur d'école ; ce qui a été exécuté jusqu'à cette année que différents particuliers de la communauté de Clirey, les plus à leur aise, ont refusé de lui donner une mesure de grain, suivant ledit traité qui a été renouvelé le 28 janvier 1770 pour 9 années et qui porte qu'il touchera des collecteurs desdites communautés une somme de 40 livres en argent et une mesure de froment par chaque habitant, et en outre une gerbe aussi de froment pour la sonnerie. » C. 1197.

SAFFRES 1728. — « Il y a un maitre d'école depuis très long-temps, de bonnes mœurs et capable. » Communiants, 250.

SALMAISE 1667. — « Le maistre d'escolle ayde à chanter au chœur, mais pour raison de son absence nous n'avons pu voir l'acte d'establissement. » Communiants, 200.

1778. — « Le 9 décembre 1778, les habitants de Salmaize assemblés devant Mouy, notaire royal, au même lieu, ont choisi le nommé Jean Maloir pour leur recteur d'école avec lequel ils ont fait une convention pour 1, 3 ou 6 années qui ont commencé le 15 dudit mois de décembre, par laquelle ils lui ont promis 72 livres de gages annuels. Il doit aussi percevoir annuellement un demi boisseau de froment de chaque habitant, outre les mois des écoliers et les assistances à l'église. »

» ... Je vous serai obligé de les prévenir ainsi que le recteur d'école, afin qu'il soit fait un autre marché dans lequel on fixera une somme qui comprendra avec les gages le produit que ce recteur auroit pu tirer de la perception du demi-boisseau de fro-ment. » C. 1205.

THENISSEY 1667. — « Il y a peu qu'il manque de maistre d'es-cole, mais l'on en cherche un pour l'establir incessamment. » Communiants, 140.

1728. — « Alexandre Arvin, maître d'école, dont on est content, a son institution. » Communiants, 300.

Uncey 1669. — « Un maistre d'escolle. »

1769. — « Le 30 avril 1769, les habitants d'Uncey et Marcelois ont fait une convention pour 3, 6 ou 9 années avec le nommé Antoine Bernard qui s'est obligé de les servir en qualité de recteur d'école aux gages annuels de 110 l. dont les deux tiers sont à la charge des habitants d'Uncey et l'autre tiers à celle des habitants de Marcelois. » C. 1826.

1780. — « Les habitants d'Uncey ont fait choix du nommé François Champy pour les servir en qualité de recteur d'école pendant 9 années aux gages annuels de 90 l. payables au 1er de novembre. » Id.

1784. — « Les habitants d'Uncey ont fait choix du nommé Jacques Champy pour les servir en qualité de recteur d'école à la place de François Champy qu'ils avaient choisi en 1778 et ils ont fait avec lui une convention qui doit durer 9 années, et qui lui assigne 80 l. de gages par an payables par imposition outre les rétributions ordinaires. » Id.

Verrey 1728. — « Pierre Faucillon, maître d'école avec institution. » Communiants, 180.

Villeberny 1667. — « Le maistre d'escole ayde à chanter au chœur, instruit la jeunesse. Il est establist audit lieu despuis quatre ans et s'acquitte bien de son debvoir, enseigne le catéchisme, à lire et escripre. » Communiants, 360.

1728. — « Le maître d'école n'a point d'institution. » Communiants, 300.

1775. — « Les habitants de Villeberny ont choisi pour leur recteur d'école Étienne Jacquinot, auquel ils ont promis de payer 1 l. 16 s. par feu, ce qui peut monter à 186 l. par an, outre les mois des écoliers, les rétributions fixées pour les assistances à l'église. Il est permis en outre à ce recteur de semer du grain, de nourrir du bétail, et il est exempt de toutes les charges de communautés, même de taille..... Vu le marché des autres parts,.. avons homologué iceluy en ce qui concerne la somme de 150 l.,. » C. 1828.

« Le nommé Jacquinot, recteur d'école à Villeberny, suplie M. l'intendant d'ordonner aux habitants de ce lieu de lui fournir un logement, attendu qu'il a jugé à propos de fixer ses gages à 150 l. et que le surplus ne lui étoit accordé qu'à la charge par lui de se procurer un logement,.. »

« Dans une communauté assez considérable, où le nombre des enfants occupe entièrement le recteur d'école, il n'est pas possible qu'il puisse se tirer d'affaire avec 150 l. étant d'ailleurs obligé d'enseigner 12 enfants gratis, » Ordonnance de l'intendant qui élève le traitement à 180 l. Id.

1786. — « Par son ordonnance du 24 août 1786, M. l'intendant a enjoint aux habitants de Villeberny de passer une nouvelle convention avec leur recteur d'école et de convenir d'une somme fixe pour ses gages. Cette nouvelle convention a eu lieu. Elle doit durer 15 années et elle assigne 162 l. de gages annuels au nommé Jacquin, recteur d'école. » Id.

1789. — « Requête par laquelle le nommé Jacquin, recteur d'école de Villeberny, observe que les principaux habitants qui craignent cette forme d'imposition au marc la livre par la raison qu'ils en supporteront une plus forte cotte que cy devant, se sont toujours opposés au rôle qui auroit dû être fait en exécution de l'ordonnance du 9 décembre 1786. Ce fait est attesté par M. Belime qui dit précisément que la majeure partie des habitants s'oppose à la confection du rôle au marc la livre et que les syndics refusent de le faire pour ne pas déplaire à quelques-uns d'entre eux. Au surplus, le recteur d'école représente un certificat signé tant du vicaire que des principaux habitants, qui constate qu'il fait exactement son devoir et que l'on n'a rien à lui reprocher. » Ordonnance d'exécuter le traité. Id.

VILLY 1667. — « Le maistre d'escole ayde à chanter. Il est establist audit lieu dès le 3 de mars dernier. Son nom est Guérin Maillot, de Sombernon, aagé de vingt-quatre ans, enseigne à lire, escripre et le catéchisme. » Communiants, 450.

1670. — « Saive Gros, maistre d'escole. » Communiants, 500.

1728. — « Le maître d'école fait bien son devoir. »

1780. — « Hôpital fondé par Cl. Beuchot-Martène et Blaise
Simon, sa femme, en 1662, dont les revenus servent à payer le
maître d'école. » [1]

1782. — « Les habitants de Villy-en-Auxois étant assemblés
devant Gilliot, notaire à Vitteaux, ont choisi pour recteur d'é-
cole, de l'agrément de leur curé, le nommé Alexis Renault, auquel
ils ont assigné 100 livres de gages annuels à répartir sur eux
suivant l'usage, outre les mois des écoliers et les assistances à
l'église. Par cette convention, qui ne porte pas combien de temps
elle durera, les habitants de Villy ont promis de donner à ce
recteur, toutes les fois qu'ils cuiront, chacun un morceau de pâte
qui ne pourra être moins d'une livre ; plus une poignée ou
menereau de chanvre femelle annuellement et à titre de quête
qui se fera dans le temps que le curé percevra la dime qui lui
est due sur le chanvre. Depuis l'époque de la convention cy-
dessus qui a été faite sous le bon vouloir et plaisir de M. l'intendant, le nommé Renault a rempli les fonctions de recteur à la
satisfaction de la paroisse et, en lui rendant cette justice, les
habitants de Villy ont manifesté par leur requête en homologation qu'ils désireroient que sa convention eut lieu pour 3, 6 ou
9 années à compter de la datte d'icelle. Cette requête est signée
d'un très grand nombre d'habitants et le sieur Lefort, curé, a
déclaré à la suitte d'icelle que jusqu'à présent le nommé Renault,
recteur d'école, est d'une conduitte irréprochable et qu'il ne peut
que louer son exactitude à l'église, les soins qu'il donne aux
enfants et les progrès qu'ils font entre ses mains. Voilà assurément un témoignage bien flatteur pour ce recteur et on ne voit
rien qui puisse s'opposer à l'homologation de sa convention, mais
au lieu de lui laisser percevoir les rétributions en denrées cy-
énoncées, il convient pour lui en tenir lieu ainsi que de l'exemption de taille, d'augmenter ses gages de 20 livres en sorte qu'il
se trouvera avoir 120 livres et c'est à peu près le traitement des
recteurs d'école des environs. » Ordonnance conforme. C. 1829.

VITTEAUX 1667. — « Il y a un maistre d'escolle qui instruit la

1. Courtépée, *Description du duché de Bourgogne*, t. III, p. 592.

jeunesse avec toute l'approbation des sieurs habitants. » Communiants, 1400,

1728. — « Jean Crosland, maître d'école, qui fait assez bien
son devoir. » Communiants, 1400,

ARCHIPRÊTRÉ DE NUITS

AGENCOURT 1775. — « 12 livres pour trois charroys fais en 1771
pour amener les effets de Pierre Chevillard, maître d'école. »

1777. — « Déclarent que le maître d'école a été payé pour 1776,
à raison de 30 sous par habitant et de 15 sous les veuves. »

1778. — « Trois livres qu'il a payées pour voiture des effets du
maître d'écolle suivant sa quittance du 22 septembre 1777. Néant,
sauf son recours contre le maître d'école. »

1780.—« Vingt-cinq livres qu'il a payées à Jean-Baptiste Boudier
leur recteur d'écolle, pour six mois de ses gages échus de Noël
1778 dont quittance du 17 may 1779. » C. 1444. [1]

ARCENANT 1672. — « Jean Noirot, maistre d'escholle. » Communiants, 450.

1767. — « Les habitants d'Arcenant firent en 1767 une convention pour neuf ans avec le nommé Marcillet, recteur d'école, et
toute irrégulière qu'elle étoit elle eut son exécution jusqu'en
1775, temps auquel ce recteur en demanda l'homologation pour
se faire un titre, parce que les habitants lui refusoient ses gages ;
mais comme cette convention contenoit des promesses de rétributions particulières et en denrées, M. l'intendant jugea à propos
de la casser, et il ordonna aux habitants d'en faire une nouvelle
dans laquelle ils ne stipuleroient qu'une somme fixe pour les
gages du recteur d'école outre les mois des écoliers.

» Cette convention a été faite pour le même temps de neuf
années, et les gages annuels de ce recteur d'école sont fixés à
145 livres 16 sous outre les assistances à l'église et les mois des
écoliers, dont 50 livres 16 sous sont à la charge des habitants
d'Arcenant, 42 livres à celle des habitants de Chevasne, 18 livres

---

1. Agencourt, annexe de Nuits, 85 communiants, d'après Courtépée, t. II,
p. 372.

à la charge des habitants d'Estaing, 9 livres 18 sous à la charge des habitants de Chevrey. Cette convention porte aussi que le recteur d'école aura une portion de bois dans les communaux comme un autre habitant. » C. 1445.

1787. — « Les habitants d'Arcenant et dépendances, qui sont contents des services du nommé Marcillet leur recteur d'école, ont fait avec lui une nouvelle convention pour 9 années consécutives, commencées du 1er octobre 1787, aux [mêmes] clauses et conditions que la précédente. » Id.

ARGILLY 1684. — « Il n'y a point de maistre d'escole. Il y a deux régentes. » Communiants, 420.

1771. — « Le 8 de ce mois (décembre) les habitants de cette paroisse assemblés ont passé marché avec le nommé François Jeannin pour les servir en qualité de maître d'école et de secrétaire de la communauté moyennant la somme de 130 livres par an, dont 97 livres 10 sous à la charge des habitants d'Argilly, et 33 livres à la charge des habitants d'Antilly. » C. 1448.

1772. — « Jean Jeannin expose qu'il a servi la paroisse d'Argilly en qualité de recteur d'école pendant 24 années expirées le 1er janvier dernier, et qu'il a été obligé de quitter à cause de ses infirmités. Pour récompense de ses services, il demande à être exempt des corvées et travaux de grands chemins et des charges de collecteur et de messier. A la suite est un certificat de sieur Moingeon, curé d'Argilly, qui atteste que Jeannin a exactement rempli ses devoirs et que la communauté lui voit à regret quitter sa place. » Id.

1786. — « Les habitants d'Argilly et Antilly ont fait le 22 mai 1785 avec Jean-Baptiste Jeannin une convention pour les servir en qualité de recteur d'école aux gages annuels de 160 livres dont 120 à la charge de la communauté d'Argilly et 40 livres pour le compte de la communauté d'Antilly. Il doit être payé sur les revenus communaux. Cette convention durera autant de temps que les habitants seront contents des services de ce recteur d'école qui percevra les rétributions pour les mois des écoliers et les assistances à l'église. Il doit écrire gratuitement toutes les délibérations de la communauté qui lui a promis l'exemption de taille. » Id.

BONCOURS 1672. — « N. Bittier, maistre d'escholle. » Communiants, 70.

1780.—« Quarante livres payés à Jean Grozelier, recteur d'école, pour six mois de gages échus du 23 novembre. »

1781.—« Demande le comptable qu'il lui soit passé en dépense la somme de quatre-vingt-quinze livres payée à Jean Grozelier, recteur d'école, pour une année de ses gages échue le 23 février 1781. Alloué. »

1782.—« Demande le comptable qu'il lui soit passé en dépense la somme de cent livres payée à Jean Groselier, recteur d'école, pour une année de ses gages échue le 23 février 1782. Alloué. »

Id. au compte de 1783, 1784,

1785.—« Demande le comptable qu'il lui soit passé en dépense la somme de cent livres payée à Pierre Peuriot, recteur d'école, pour une année de ses gages, échue le 1er octobre 1785. »

Id. au compte de 1786.

1787. — Au même, gages de 111 livres. C. 1458.

LA BUSSIÈRE 1700. — Jugement de l'intendance qui condamne les habitants de la Bussière à exécuter la convention passée le 26 octobre 1698 avec Toussaint Roy. « par laquelle il s'estoit engagé à instruire leurs enfants et à servir dans leur église, prétendant que pour rayson desdits services il luy avoit esté promis 60 livres annuellement payables par une seule main à chaque 15 octobre, outre une gerbe par chaque laboureur semant au delà de 2 journaux. » C. 2922.

1786. — « Le 3 septembre 1786, les habitants de La Bussière ont fait une convention avec le nommé Jacques David pour recteur d'école, pour neuf années, commencées le 1er novembre, suivant laquelle ils lui ont assigné 120 livres de gages annuels, payables par six mois, outre les rétributions ordinaires pour les mois des écoliers et les assistances à l'église. Elle est signée du curé et ce recteur est approuvé de l'ordinaire. » C. 647.

CHAMBOLLE 1672. — « Louis Matiliot, maistre d'escholle. » Communiants, 350.

1786. — « Les habitants de Chambolle ont fait choix du nommé François Cousin pour les servir en qualité de recteur d'école aux gages annuels de 60 livres, dont 30 à la charge de la communauté et 30 payables par la fabrique. Outre ce, il percevra les rétributions ordinaires pour les mois des écoliers et les assistances à l'église. Il aura la faculté de faire une quête de vin pendant les vendanges, et chaque habitant faisant vin lui en donnera au moins 2 pintes ; ceux qui n'en feront point lui donneront 12 sous pour en tenir lieu. La communauté doit lui fournir un logement.

» Il résulte des éclaircissements fournis par M. Millot (le subdélégué de Nuits) qu'il ne peut y avoir de difficulté à homologuer la convention dont il s'agit. Il observe cependant qu'au lieu de laisser percevoir 12 sous sur les habitants qui ne font point de vin, il vaudrait mieux que la communauté payat 12 livres de plus au recteur d'école, parce que ces habitants sont de pauvres manœuvres qui ne doivent pas payer comme des gens aisés, mais M. Millot ne voit point d'inconvénient à permettre que ce recteur d'école perçoive des habitants faisant vin la rétribution en vin qui lui a été promise, et si on convertissoit encore en argent cette rétribution la communauté se trouveroit trop chargée, tandis qu'elle coute peu aux particuliers aisés. » C. 1462.

1792. —•• « M. le recteur d'école jouissoit par sa précédente convention de plusieurs droits qui sont supprimés par la nouvelle : 1° une quête en vin produisant, année commune, environ 150 livres ; 2° de 10 sous par chaque habitant pour jeter l'eau bénite, faisant environ 60 livres par an ; 3° de droits casuels à l'église, montant année commune à 50 livres ; 4° tous les mois d'école des enfants, pouvant valoir environ 180 livres. » Id.

CHAUX 1774. — « Les gages du maitre d'écolle sont annuellement de 12 livres qui luy ont été payés pour l'année 1774 pour son logement et chaque habitant lui donne, outre ce, une mesure de bled conceau par an. » C. 1464.

1776. — « Le 28 avril 1776, les habitants de Chaux ont renouvelé leur convention avec Jean Regnier leur recteur d'école, pour 9 ans, moyennant 165 livres de gages annuels, outre les assistances à l'église et les mois des enfants. » Id.

1785. — « Convention faite avec Jean Regnier moyennant 110 livres. » Id.

CLÉMENCEY 1775. — « Quatre-vingt-onze livres deux sols à Pierre Vollot, recteur d'école et marguillier dudit Clémencey, savoir 75 livres pour ses gages de maître d'école et 16 livres 2 sous pour ceux de marguillier, échus le 1er janvier 1775. » C. 1471.

COLLONGES et CHEVANNES 1672. — « Émilan Louzière, maistre d'escholle. » Communiants, 350.

1684. — « Émilian Louzière sert par fois de maistre d'escole. Il n'est pas approuvé. »

1775. — « Demande qu'il lui soit passé vingt-une livres douze sols pour les gages du maître d'écolle de Collonge. » Alloué. C. 1467.

1776. — « Demande qu'il lui soit passé dix livres seize sols pour 6 mois des gages du maître d'école de Collonge échus des fêtes de Noël dernières. » Alloué. Id.

1785. — « Demande le comptable qu'il lui soit passé en dépense la somme de quarante-deux livres dix sols pour les gages du maître d'école pendant l'année 1785. » Alloué. Id.

FLAGEY 1763. — « Le nommé Oudot, maître d'école à Flagey, demande à être payé d'une somme de 80 livres pour une année de ses gages échue le 9 mars 1763, outre la clause particulière qu'il lui sera donné des gerbes à la moisson par ceux qui sèment, savoir deux gerbes par les laboureurs et une par les vignerons, avec exemption de taille et de toutes charges de communauté. » C. 1493.

1767. — « Les habitants de Flagey prirent en 1767 le nommé Pierre Latour pour leur recteur d'école aux gages de 80 livres. » Idem.

1769. — Les habitants de Flagey ont choisi pour leur recteur d'école le nommé Nicole dit Belin, et sont convenus le 20 février 1769 de lui donner 60 livres de gages. » Id.

1775. — « Le 1er juillet 1775, les habitants de Flagey assemblés ont choisi le nommé François Grozelier pour leur recteur d'école, avec lequel ils ont fait une convention pour 3, 6 ou 9 années, aux gages annuels de 120 livres payables par quartier, outre les mois des écoliers et les assistances à l'église. » Id.

1781. — « Les habitants de Flagey demandent l'homologation d'une nouvelle convention qu'ils ont passée le 30 mars dernier avec le nommé Grozelier, leur recteur d'école, par laquelle ils lui ont assigné 180 livres de gages annuels outre les mois des écoliers et les assistances à l'église, Cette somme lui sera payée par quartier et par avance. » Id.

1784. — « Les habitants de Flagey ont choisi le 22 août 1784 le nommé Antoine Bourdier pour recteur d'école et lui ont assigné 150 livres de gages, exemption de taille, portion de bois de chauffage et 5 sous de chaque habitant pour porter l'eau bénite. Cette convention porte que si l'une ou l'autre partie étoit mécontente, elle demeurera résiliée en s'avertissant réciproquement 2 mois d'avance. Le nommé Bourdier a exercé ses fonctions jusqu'à présent, mais le 10 mai 1787, les échevins ayant représenté aux habitants assemblés que ce recteur d'école n'étoit pas en état d'enseigner les enfants, ces habitants les ont chargés de lui faire une sommation pour l'interpeller de quitter sa place à l'expiration de ses trois années, étant dans l'intention de choisir un autre maître d'école.

» Depuis, le recteur d'école a apporté au bureau une nouvelle sommation du 13 août 1787 qui lui a été faite par les habitants de Flagey. Ils y rappellent leur délibération du 10 mai 1787 et leur première sommation du 18 du même mois, Comme le nommé Bourdier ne s'y est pas conformé et qu'ils ont de justes motifs pour le renvoyer, ils l'ont interpellé de nouveau de cesser toutes ses fonctions de recteur d'école, faute de quoi ils ont protesté de le faire assigner pour y être condamné. Ces habitants disent précisément qu'on ne peut pas les forcer à garder malgré eux un sujet qui ne leur convient nullement.

» Comme le recteur d'école prétend qu'il y a une cabale formée contre lui par 2 ou 3 particuliers auxquels il a déplu, M. Gérardière (le subdélégué) pense qu'il y a lieu de faire assembler les habitants pour délibérer sur sa requête afin de connaître le véritable vœu de la communauté à son égard.

» L'assemblée a eu lieu le 27 septembre 1784 par-devant Renaudot, notaire à Gilly. De 38 habitants qui ont paru à cette assemblée, 29 ont été d'avis de remercier et de congédier sur le champ le nommé Bourdier, n'entendant pas qu'il continue de faire les fonctions de recteur d'école dans leur paroisse ; 9 seulement ont opiné en sa faveur.

» Il n'est pas possible de conserver le recteur d'école malgré les habitants. A la vérité ils ne lui font aucun reproche sur sa conduite, mais ils prétendent qu'il n'est pas en état d'enseigner leurs enfants. En le remerciant ils ne font qu'user du droit qu'ils se sont ménagé en traitant avec lui. » Ordonnance conforme à la délibération de la communauté. Id.

1787. — « Les habitants de Fiagey ont choisi pour recteur d'école, à la place d'Antoine Bourdier, le nommé Pierre Peuriot avec lequel ils ont fait une convention pour 3, 6 ou 9 années aux gages de 200 livres par an. » Id.

GERLAND 1705. — « Maistre d'escole, Hérard Pachelin. » Communiants, 160.

1781. — « Les habitants de Gerland s'étant assemblés le 1er juin 1781 ont, de l'agrément du sieur Maupoil, leur curé, reçu et accepté pour recteur d'école Nicolas Léger, d'Argilly, et ont fait convention avec lui pour 9 années commencées ledit jour 1er juin 1781, moyennant 150 livres de gages annuels. Ce recteur a exercé pendant l'année 1780, moyennant 100 livres, mais il paroit que ce n'étoit qu'un essai et que c'est en connoissance de cause qu'on lui accorde les 50 écus. » C. 1497.

1784. — « Les habitants de Gerland et dépendances ont choisi pour leur recteur d'école, le nommé Simon Sirot avec lequel ils lui ont fait une convention qui lui assigne 150 livres de gages annuels. » Id.

GILLY 1672. — « Edme François, maistre d'escholle. » Communiants, 460.

1684. — « Le maistre d'escole, qui s'appelle Nicolas Boursier, fait son devoir. »

1760. — « Depuis 1760 jusqu'en 1783, le nommé Antoine Boudier fait les fonctions de recteur d'école à Gilly, en exécution d'une convention non homologuée et qui lui a été passée pour 9 années. Par cette convention il a été assigné à ce recteur 90 livres de gages à payer, sçavoir les deux tiers par les habitants de Gilly et l'autre tiers par les habitants de Vougeot, outre les mois des écoliers et les assistances à l'église ; plus 11 livres 10 sous payables par la fabrique à cause de messes de fondation, des rétributions en bled, en vin et en argent, tant pour son droit de passion que pour faire porter l'eau bénite tous les dimanches chez les habitants, une portion dans les communaux à charge d'écrire les délibérations de la communauté de Gilly et de sonner la cloche à midi, enfin l'exemption de toutes charges de communauté. » C. 1499.

1784. — « Les habitants de Gilly ont passé, le 7 mars 1784, un marché avec Nicolas Henry pour faire les fonctions de recteur d'école pendant 9 années, aux gages de 90 livres par an. Il est dit que pour son droit de passion chaque laboureur et manouvrier qui sèmera lui donneroit du blé à leur discrétion, et tous autres habitants qui ne recueillent point de blé lui donneroient 5 sous chacun. Ce marché a été exécuté jusqu'à présent. Les habitants de Gilly ayant reconnu que ce marché ne pouvait pas subsister à cause des rétributions en grain et en argent, se sont assemblés le 25 mars 1787 et ils ont délibéré qu'il seroit payé annuellement à compter du 1er avril 1787 à Nicolas Henry 216 livres tant pour lui tenir lieu de ses gages que pour les rétributions en grain et en argent. » Id.

Messanges 1783. — « Les habitants de Messange qui n'avoient point de recteur d'école ont reconnu la nécessité d'en avoir un pour l'instruction de la jeunesse. En conséquence ils ont fait choix du nommé Pierre Peuriot avec lequel ils ont fait une convention qui lui assigne 60 livres de gages pour chacune des 3 années qu'elle doit durer. » C. 1514.

1787. — « Marché du recteur d'école Jean Bailly fait le 13 mai 1787 avec les habitants de Messanges aux gages de 60 livres. » Id.

Meuilley 1775. — « Déclare que chaque chef de famille paye au maître d'école vingt-cinq sols, ce qui fait une somme de 65 livres qu'on lui paye annuellement. » C. 1517.

1777. — « Quatre-vingt-six livres treize sols quatre deniers qui sont dus au nommé Caumont, maître d'écolle, pour l'année de ses gages échue du 10 novembre 1776, suivant sa convention du 10 mars précédent, homologuée le 20 may suivant. » Id.

1778. — « Demande le comptable qu'il lui soit passé 86 livres 13 sous 4 deniers qu'il a payé ou dû payer à Josef Caumont, recteur d'école, pour une année de ses gages. » Id.

1786. — « Demande le comptable lui être passé en dépense la somme de 80 livres qu'il a payée au sieur Grozélier, recteur d'école, pour les deux tiers de ses gages. » Id.

Morey 1672. — « Claude Favenier, maistre d'escholle. » Communiants, 450.

Nuits 1684. — « Le maistre d'escole s'appelle Drouhin, sage et capable. Il n'a point d'institution, mais l'a demandée. »

1707. — « Maistre d'escole, Nicolas Drouhin, enseigne à escrire aux filles. »

Prémeau 1672. — « M. Milot, maistre d'escholle. » Communiants, 120.

1778. — « Le 20 mai 1778 les habitants de Prémeaux et de Comblanchien contents du nommé Joseph Doret, leur recteur d'école, ont promis de le continuer pour 9 années aux gages annuels de 180 livres. » C. 1524.

1779. — « Au mois d'août dernier il m'a été adressé une requête sous le nom des habitants de Prémeaux et de Comblanchien, qui avoit pour objet de destituer leur recteur d'école sur différents griefs. L'exposé de cette requête annonçait de l'humeur et un esprit de cabale. J'ai vérifié en effet qu'elle était le fruit de l'intrigue du nommé Jacques Sigaut, de Prémeaux, et que ce particulier avoit surpris la signature de plusieurs habitants, en leur disant que la requête n'avoit pour objet que d'obtenir une diminution de taille. Cette conduite est bien répréhensible et j'ai été sur le point de faire un exemple du nommé Sigaut, mais je veux bien lui faire grâce pour cette fois, à condition qu'il sera désormais plus circonspect. Vous m'obligerez de le mander et de l'avertir très sérieusement que s'il donne lieu à la moindre plainte, je prendrai les mesures nécessaires pour le contenir et l'éloigner de la communauté. » Id.

1784. — « Le nommé Doret qui faisoit les fonctions de recteur d'école dans la paroisse de Premeaux a quitté, et les habitants ont choisi pour le remplacer le nommé Marc Clerc avec lequel ils ont fait une convention qui doit durer 3, 6 ou 9 années et qui lui assigne 180 livres de gages annuels. » Id.

1787. — « Le nommé Clerc, qui faisoit les fonctions de recteur d'école, a remercié la communauté. Les habitants ont choisi pour le remplacer le nommé François Doret pour 3, 6 ou 9 années, fixant ses gages, comme à l'ordinaire, à la somme de 180 livres. » Id.

Quemigny 1705. — « Maistre d'escole, Pierre Paillet. » Communiants, 250.

1768. — « Le 29 may 1768, les habitants de Quemigny firent une convention avec le nommé Jean Vallot qui s'obligea de les servir en qualité de recteur d'école moyennant quoi il lui seroit payé 30 sols par chaque habitant et 15 sous par chaque femme veuve, outre les mois des écoliers, les assistances à l'église, l'exemption de la taille et un canton de bois dans les communaux. Cette convention a eu son exécution pendant 1768 et 1769. Le 29 may 1770 elle a été renouvellée pour autant de tems qu'il plaira aux uns et aux autres des parties. En conséquence le nommé Vallot a rempli ses devoirs de maître d'école pendant l'année 1775 mais il n'a pu se procurer le payement de ses gages de la somme de 50 livres montant des rétributions cy-dessus. Pourquoi il supplie M. l'intendant d'homologuer sa convention et d'ordonner aux habitants de Quemigny et Poizot d'imposer sur eux dans quinzaine ladite somme qui lui est due depuis le 29 may 1776. »

L'intendant écrit à M. de Bayre, subdélégué à Nuits : « En ordonnant l'imposition des gages réclamés par le nommé Valot, recteur d'école à Quemigny, pour l'année échue le 29 may 1776, j'ai annullé sa convention qui, à tous égards, étoit très irrégulière. Vous voudrez bien, en conséquence, le prévenir qu'il en faut une autre dans laquelle au lieu de stipuler que chaque habitant payera telle ou telle somme ou donnera telle rétribution particulière, les habitants détermineront une somme fixe et pro-portionnée au produit qu'il auroit eu en percevant les objets dénommés dans sa convention, de laquelle somme j'ordonnerai ensuite l'imposition. » C. 1528.

1782. — « Le nommé Jeanniard demande, par la requête cy-jointe, l'homologation de la convention qu'il a faitte le 10 mars 1782 avec les habitants de Quemigny pour les servir en qualité de recteur d'école. Cette convention n'est pas dans le cas d'être homologuée parce que, indépendament de la somme de 100 livres qui a été assignée pour gages, il a été stipulé que le recteur recevra de chaque laboureur une gerbe de bled et une d'orge, plus une gerbe de bled seulement des habitants qui en récolteront, et 10 sous de ceux qui n'en sèmeront pas. Cette clause est très irrégulière, ainsi que celle relative à l'exemption des impôts, en conséquence il est indispensable qu'il soit fait une nouvelle convention. » Id.

1786. — « Les habitants de Quemigny et Poisot ont fait choix du nommé Jacques Manière pour les servir en qualité de recteur d'école et ils ont passé avec lui, le 20 mars 1786, une convention qui doit durer 3 années et qui lui assigne 135 livres de gages outre les mois des écoliers, les assistances à l'église, avec l'exemption de taille et de toutes charges de communauté. Il aura en outre une portion dans les bois communaux comme un habitant. Il doit faire gratuitement les rôles de la taille et c'est en considération de ce service que les habitants lui ont accordé l'exemption de taille. Il doit écrire gratuitement toutes les délibérations de la communauté. Enfin il doit porter gratuitement l'eau bénite tous les dimanches et fêtes solennelles, et chaque habitant lui donnera ce qu'il lui plaira pour sa peine. » Id.

QUINCEY 1704. — « Maistre d'escole, P. Monnot. » Communiants, 140.

1774. — « Le 1er may 1774, les habitants de Quincey, assemblés, délibérèrent de prendre pour leur recteur d'école le nommé Jacques Couturier, avec lequel ils convinrent de lui donner 110 livres par an, en 2 payements égaux, et qu'il lui seroit donné par chaque habitant qui sèmeroit, une gerbe de bled consceau, outre les mois des écoliers et les assistances à l'église. » C. 1530.

Saint-Jean-de-Bœuf 1745. — « Le nommé François Fournier
fait les fonctions de recteur d'école à Saint-Jean-de-Bœuf depuis
1745, et toujours aux gages annuels de 75 livres, dont les deux
tiers sont supportés par les habitants de Saint-Jean-de-Bœuf et
l'autre par ceux de Saint-Victor. La convention faitte avec ce
recteur n'a jamais été homologuée, au moyen de quoy l'imposition des gages qui y sont énoncés s'est faite très arbitraire-
ment. » C. 1536.

1779. — « Le 1er octobre 1779, les habitants de Saint-Jean-de-
Bœuf devoient à leur recteur d'école 2 années de ses gages, soit
100 livres. Depuis cette époque il est encore échu le 1er octobre 1783
quatre années de 200 livres, en sorte qu'il est dû à ce recteur
300 livres dont il demande le payement. Le recteur demande
qu'en homologuant sa convention qui est du 12 septembre 1745
et qui a été renouvellée le 1er mars 1750 il plaise à M. l'intendant
rendre exécutoire le rôle dont il s'agit. » Id.

Ternant 1707. — « Maistre d'escole, Jean Paillet, depuis un
an. » Communiants, 250.

1773. — « Les habitants de la communauté de Ternant, Semessange et Rolle ont fait une convention avec le nommé Arbinet
pour leur servir de recteur d'école pour le tems de 9 années aux
gages annuels de 26 sous par chaque habitant dudit Ternant,
payables entre les mains de leur collecteur, et ces mêmes habitants lui ont assigné une demie portion de bois communaux. Les
habitants de Semessange et Rolle donneront audit Arbinet chacun
annuellement 30 sols. M. Durant, le subdélégué de Nuits, observe
que la paroisse de Ternant est composée de 107 habitants
taillables faisant le nombre de 309 communiants, qui doit produire 50 écus de gage et même quelque chose de plus. M. Durant
est d'avis que M. l'intendant en cassant, révoquant et annullant
la convention du maître d'école de Ternant, en ce qui concerne
seulement la cotte particulière de chaque habitant de 26 sous et
de 30 sous, lui assigne 150 livres de gages, laquelle somme sera
imposée sur tous les habitants qui composent la paroisse de
Ternant par un rolle séparé et néantmoins au marc la livre de
ce que chacun payera de taille. » C. 1544.

1777. — « Le 3 août 1777, les habitants de Ternant et Semessange ont fait; une convention pour 6 années avec le nommé Jean Denizot qu'ils ont choisi pour leur recteur d'école et auquel ils ont assigné 180 livres de gages annuellement. » Id.

VERGY 1672. — « Jean Baillet, maistre d'escholle. » Communiants, 400.

VEUVEY 1768. — « Pierre Mallard fait depuis plus de 30 années les fonctions de maître d'école dans la paroisse de Veuvey, moyennant la rétribution annuelle de 50 livres dont les habitants font sur eux la répartition par un rôle dont les échevins font la collecte pour en remettre le produit audit Mallard. » C. 969.

VILLEBICHOT 1672. — « Jean Moreau, maistre d'escholle. » Communiants, 231.

1704. — « Maistre d'escole, Luc Liaudière. »

1784. — Les habitants de Villebichot ont fait choix du nommé Claude-Alexandre Ménétrier pour les servir en qualité de recteur d'école, et ils ont fait avec lui une convention qui doit durer 6 années, commencées le 1er novembre 1780, et qui lui assigne 180 livres de gages annuels, plus un logement gratis, et dans le cas que la maison que les habitants font bâtir et qu'ils destinent à ce recteur ne lui conviendroit pas, ils se sont obligés à lui payer une somme de 40 livres pour lui tenir lieu de logement. Ce recteur qui doit enseigner 6 pauvres enfants gratuitement aura une portion dans les communaux et la faculté de semer 2 journaux de terre. » C. 1549.

1785. — « Les habitants de Villebichot avoient pour recteur d'école un nommé Ménétrier, qu'ils ont congédié et ils ont choisi pour le remplacer, le nommé François Grozelier, auquel il a été assigné 180 livres de gages annuels, dont 160 à la charge de la communauté et 20 l. à celle de la fabrique pour enseigner six pauvres enfants. Ce recteur sera logé dans la maison rectorale que la communauté a fait construire depuis peu. » Id.

VONE 1704. — « Maistre d'escole, Jean Noirot. » Communiants, 400.

1754. — « Le 24 juin 1754, les habitants de Vône choisirent le nommé Gouroux pour leur recteur d'école aux gages de 180 livres par an, plus 12 livres pour l'entretien de l'horloge. Cette convention qui a duré pendant 9 années a été renouvelée le 1er mai 1763 dans les mêmes termes. Le 3 mai 1772 elle a été encore renouvelée aux mêmes conditions. » C. 1557.

1776. — « Le nommé Gouroux, recteur d'école à Vône est décédé au mois de juillet dernier. Depuis sa mort jusqu'au 1er novembre 1776, son fils a fait les fonctions de recteur pour finir l'année commencée à cette époque. » Id

1776. — « Le 2 septembre 1776, les habitants de Vône et Corboin firent une convention pour 3 années avec le nommé Louis Coquet qui s'obligea de les servir en qualité de recteur d'école aux gages annuels de 180 livres. Cette convention devant expirer au mois de septembre 1779, les habitants en ont fait une nouvelle pour 9 années aux mêmes conditions. » Id.

1782. — « Les habitants de Vône avaient fait choix du nommé Nicolas Brulé pour les servir en qualité de recteur d'école pendant 4 années, aux gages annuels de 180 livres. Sa convention a été homologuée le 13 may 1782. A cause d'une procédure qui s'instruit contre ce particulier, il a été obligé de s'absenter. En conséquence, les échevins ont fait assembler les habitants pour leur faire part de cette circonstance et les inviter de choisir un nouveau recteur pour le remplacer, en leur observant qu'il se présentoit un nommé Grégoire Moingeard, que le curé avoit trouvé très capable d'en remplir les fonctions d'une manière satisfaisante. Après s'être assurés de la capacité de ce Moingeard les habitants l'ont agréé pour leur recteur d'école et ils ont donné pouvoir au nommé Thevenin, leur échevin, de passer avec lui une convention par laquelle il lui seroit assigné 160 livres de gages annuels seulement au lieu de 180. » Id.

ARCHIPRÊTRÉ DE POUILLY-EN-AUXOIS

BELLENOT 1667. — « Il y a un maistre d'escolle qui ayde à chanter au chœur par convention faitte avec luy, et est obligé d'instruire la jeunesse. Il apprend à lire, escripre et le catéchisme, et est capable. » Communiants, 200.

1681. — « Le maistre d'escole est approuvé. »

1689. — « Le maistre d'escole n'est pas approuvé; Il fait son devoir. »

1728. — « Joseph André, maître d'école, dont M. le curé et les paroissiens sont très contents. Il a son approbation de M. Moreau, archidiacre. »

1763. — « Par convention faite entre les habitants de Bellenot et Pierre Bannelier, le 31 janvier 1751, ce dernier s'obligea de faire en cette communauté les fonctions de maître d'école, moyennant la somme de 60 livres par an, payable en deux termes. Cette convention a eu son exécution et, le terme étant expiré, les habitants s'assemblèrent le 24 avril dernier, et délibérèrent de continuer ledit Bannelier pour leur maître d'école pendant six années, moyennant la même rétribution de 60 livres par an, de suplier en conséquence M. l'intendant d'homologuer laditte délibération et de permettre l'imposition de laditte somme de 60 livres pendant la durée de la convention, ce qui fut accepté par Pierre Bannelier. » C. 1801.

1789. — « Le nommé Pierre Bannelier fait depuis 1751 les fonctions de recteur d'école dans la paroisse de Bellenot, à la satisfaction des habitants. Jusqu'à présent ses gages n'avaient été que de 60 livres par an. Ce traitement ayant paru insuffisant aux habitants, ils ont, par une nouvelle convention faite avec ce recteur d'école le 22 février 1789, porté ses gages à la somme de 90 livres annuellement, payable par imposition en 2 termes égaux, outre les rétributions ordinaires pour les mois des écoliers. Cette nouvelle convention faite pour 6 années commencées du 1er février 1789 porte en outre que ce recteur d'école jouira de tous les privilèges et exemptions dont il a toujours joui, sans en excepter, sans quoi ladite convention n'aurait point été faite. Sa 1re convention, du 31 janvier 1751, portait qu'il serait exempt de taille et de toutes autres charges de communauté. Tels sont les privilèges et exemptions dont il a toujours joui, ce qui n'est plus toléré; que pour sa peine de porter l'eau bénite tous les dimanches dans les maisons il recevra annuellement, aux environs de la Saint-Martin, savoir : de chaque laboureur et manouvrier payant plus de 18 livres de taille, demi-mesure de froment ; des autres manœuvres, 12 sous ou un liard tous les dimanches. » Id.

BLANCEY 1771. — « Le 1er décembre 1771, les habitants de Blancey ont passé une convention avec le nommé Jaques Buret pour servir de recteur d'école dans leur paroisse pendant 9 années, moyennant 30 livres par an et 12 sous par chaque habitant pour le droit d'eau bénite, ce qui revient encore à une pareille somme de 30 livres, en tout 60 livres imposables pendant la durée de ladite convention sur les habitants. Le recteur a été approuvé de Mr l'évêque d'Autun, le 3 août 1762. » C. 1805.

1781. — « Par acte reçu Baudoin, notaire à Blancey, le 9 janvier 1781, les habitants de Blancey ont fait choix du nommé Claude-Joseph Soupey pour les servir en qualité de recteur d'école pendant l'espace de 3, 6 ou 9 années qui ont commencé le 1er février suivant, moyennant les gages annuels de 120 livres payables par 6 mois et par imposition, outre les mois des écoliers. Il convient que Soupey représente son institution ou l'approbation de son curé, conformément à l'édit de 1695 concernant la juridiction ecclésiastique. » Id.

1784. — « Les habitants de Blancey ont, de l'agrément de leur curé, fait choix du nommé Claude Mercey pour les servir en qualité de recteur d'école pendant 3, 6 ou 9 années, moyennant les gages annuels de 120 livres payables en 2 termes par la voie de l'imposition, outre les rétributions ordinaires pour les mois des écoliers et les assistances à l'église. Ce recteur expose que les habitants qui s'étaient chargés de faire homologuer sa convention restent dans l'inaction, en outre que, jusqu'à présent, il n'a reçu aucun gage. « Vérifier si le suppliant remplit exactement ses fonctions et si les habitants n'ont pas d'autre ressource que l'imposition pour le payement de ses gages. » Il résulte des éclaircissements procurés que le nommé Mercey remplit exactement ses fonctions de recteur d'école, que les habitants en sont contents et qu'ils n'ont aucune ressource pour le payement de ses gages que la voie de l'imposition, la communauté n'ayant point de revenus. » Id.

CERCEY [1] 1670. — « Ils ont 40 livres de charges ordinaires pour

1. Cercey, simple hameau de la paroisse de Thoisy-le-Désert.

l'entretien de leur église et maistre d'escolle. » (Enquête Bouchu, arch. de la Côte-d'Or.)

CHAILLY 1669. — Mre Louis Chappuis, recteur des escholes. »

1670. — « Il y a de charges ordinaires, sçavoir pour un maistre d'escolle 140 livres. » (Enquête Bouchu, arch. de la Côte-d'Or.)

1681. — « Le maistre d'escole est approuvé. » Communiants, 300.

1689. — « Le maistre d'escole est approuvé. »

1728. — « Il y a deux maitres d'école de bonnes mœurs. »

CHATEAUNEUF 1670. — « Leurs charges ordinaires sont de 100 livres pour un maistre d'escolle. » (Enquête Bouchu, arch. de la Côte-d'Or.)

1681. — « Le maistre d'escole est capable, non approuvé. » Communiants, 350.

1689. — « Le maistre d'escole est approuvé. »

1705. — « Pierre Léger, recteur d'eschole. »

1708. — « Le curé de Châteauneuf est obligé d'ajouter ses plaintes de ce que les enfants n'ont aucune éducation quoy qu'il y aye un maistre d'escole sur les lieux, à qui personne n'envoye des escoliers, crainte de le payer. »

1780. — « Demande ledit comptable lui être alloué la somme de 120 livres payée au sieur Nié, recteur d'écolle, suivant sa quittance du 24 décembre 1780. » C. 650.

CHATELLENOT 1667. — « Le maistre d'escolle se nomme François Leblanc, natif dudit lieu, aagé de quarante ans. Il instruit la jeunesse, monstre à lire, à escripre et enseigne le catéchisme. » Communiants, 200.

1670. — « Ils ont de charges ordinaires 100 livres pour l'entretien de leur esglise et maistre d'escolle. » (Enquête Bouchu, arch. de la Côte-d'Or.)

1681. — « Le maistre d'escole n'est pas approuvé. » Communiants, 180.

1689. — « Le maistre d'escole est approuvé. »

1728. — « Il y a un maître d'école dont le sieur curé est content. Il n'a pas d'institution et il convient de luy en donner. »

CHAUDENAY-LE-CHATEAU 1670. — « Il y a 30 livres de charges ordinaires pour l'entretien de leur esglise et maistre d'escolle. » (Enquête Bouchu, arch. de la Côte-d'Or.)

COMMARIN 1667. « Il y a un maistre d'escole qui instruit la jeunesse et chante au chœur. » Communiants, 220.

1670. — « Il y a de charges 60 livres pour un maistre d'escole. » (Enquête Bouchu, arch. de la Côte-d'Or.)

1728. « Il y a un maitre d'école qui n'est nul'ement propre et n'est pas édifiant. » Communiants, 220.

1780. — « Le 14 janvier 1780, les habitants de Commarin choisirent le nommé Jaugey pour leur recteur d'école. Ils convinrent avec lui qu'il en feroit les fonctions pendant une année et que pour lui tenir lieu de gages il jouiroit des terres et prés appartenant à la maîtrise, outre les mois des écoliers. » C. 653.

CRÉANCEY 1667. — « Le maistre d'esco'le est establist audit lieu par convention réitérée. Il enseigne le catéchisme, à lire et à escripre. »

1670. — « Le maistre d'eschole dudit lieu est homme de bien et s'acquitte de son devoir, tant pour son eschole que pour l'église au service de laquelle il est très assidu.

» Ils ont de charges ordinaires 42 livres pour l'entretien de leur esglise et maistre d'escolle. » (Enquête Bouchu, arch. de la Côte-d'Or.)

1681. — « Il y a un maistre d'escole. » Communiants, 400.

1689. — « Le maistre d'escole est approuvé. »

1728. — « Il y a un maître d'école qui n'a pas d'institution. Il enseigne les garçons et les filles dans une même chambre. »

ESSEY 1681. — « Le maistre d'escole n'est point approuvé. » Communiants, 140.

1728. — « Le maître d'école s'appelle Claude Cottin. »

GISSEY-LE-VIEUX 1667. — « Il y a un maistre d'escole. Son nom est Jacques Verreau, natif de Belnaud, aagé de trente-trois ans, enseigne à lire, escripre et le catéchisme. » Communiants, 200.

1669. — Jacques Verreau, recteur des escholes. »

1670. — « Il y a un maistre d'escole qui s'acquitte bien de son debvoir. »

» N'ont pour charges ordinaires que l'entretien de leur esglise et maistre d'escolle, qui peut valoir 40 livres par an. » (Enquête Bouchu, arch. de la Côte-d'Or.)

1681. — « Le maistre d'escole est approuvé. » Communiants, 160.

1689. — « Le maistre d'escole est approuvé. »

1728. — « Il y a un maître d'école dont on est content. Il n'a point d'institution de Mgr. »

1775. — Les habitants de Gissey ont, de l'agrément de leur curé, fait choix du nommé Jean-Baptiste Plaisant pour les servir en qualité de recteur d'école autant de temps qu'ils jugeront à propos, à compter du 4 avril 1775, aux gages annuels de 72 livres. outre les mois des écoliers et les assistances à l'église. » C. 658.

LE FÈTE 1780. — « Maître d'école fondé par le prieur du lieu, Guillaume de Saint-Ursan, en 1699 [1]. » Communiants, 50.

MACONGE 1670. — « Il y a seulement 40 livres de charges pour un maistre d'escolle qu'ils exemptent de tailles. » (Enquête Bouchu, arch. de la Côte-d'Or.)

1681. — « Il y a un maistre d'escole capable, non approuvé, payé par la fabrique. » Communiants, 200.

1689. — « Le maistre d'escole n'est point approuvé. Ne s'estant point trouvé lors de ma visite, il me doibt venir trouver. »

1728. — « Il y a un maître d'école qui chante bien, dont on est content. Il est marié. Il n'a point d'institution de Mgr. Il enseigne les garçons et les filles. »

MARTROIS 1728. — « Il y a un maître d'école dont on est content. Il enseigne les garçons et les filles. » Communiants, 55.

1784. — « Le nommé Claude Genevoix, recteur d'école à

1. Courtépée, *Description du duché de Bourgogne*, nouv. édit., t. IV, p. 67.

Martrois, expose qu'en vertu d'une délibération des habitants du 26 avril 1778 il a continué de les servir en cette qualité jusqu'à présent aux gages annuels de 40 livres payables au 25 mars, qu'il lui est dû 3 années qui reviennent à la somme de 120 livres ; demande qu'il soit ordonné aux habitants de Martrois d'imposer cette somme. A la suite de la requête de ce recteur, le curé et les principaux habitants de Martrois ont certifié que sa demande était légitime. » C. 1812.

1786. — « Les habitants de Martrois ont fait avec ce recteur d'école une nouvelle convention pour 3, 6 ou 9 années aux mêmes gages de 40 livres par an, outre les rétributions ordinaires. M. le subdélégué pense que cette nouvelle convention est avantageuse à la communauté et qu'il y a lieu de l'homologuer. » Id.

MEILLY 1667. — « Il y a en ladite paroisse un maistre d'escholle qui a environ douze escholliers auxquels il enseigne à lire, escripre et le catéchisme, qui a esté establist par les paroissiens, suivant l'accord qui nous a été représenté, en datte du 29 novembre 1656, signé Thibault. » Communiants, 400.

1728. — « Il y a un maître d'école pour les garçons dont la fille enseigne les filles. Il n'a point d'institution. » Communiants, 350.

POUILLY 1667. — « Il y a un maistre d'escolle establist. Son nom est Estienne Boursier, aagé de cinquante-cinq ans, enseigne à lire, escripre et particulièrement le catéchisme. » Communiants, 360.

1670. — « Ils ont 200 livres de charges ordinaires pour l'entretien de l'esglise et 100 livres pour le maistre d'escole. » (Enquête Bouchu, arch. de la Côte-d'Or.)

1681. — « Il y a un maistre d'escole non approuvé. Il y est depuis cinq ans. Il est très dévot, mais pauvre, ce qui fait qu'il n'a pu aller à Autun (pour se faire approuver). » Communiants, 350.

1689. — « Le maistre et la maîtresse d'école sont approuvés. »

1696. — « L'on est dans une si grande pauvreté qu'il y a trois ans que l'on n'a pu payer les gages du maistre d'escole. »

1728. — « Gaspard Rodmet, maître d'école sans institution,

et dont on est très mécontent. On prie Sa Grandeur d'y remédier. »

Rouvre 1670. — « 50 livres pour un maistre d'escolle et l'entretien de leur esglise. » (Enquête Bouchu, arch. de la Côte-d'Or.)

1681. — « Le maistre d'escole est capable, mais il n'est pas approuvé. Il est payé par la fabrique. » Communiants, 400.

1689. — « Le maistre d'escole est approuvé. L'on travaille à y establir une maîtresse d'escole. »

Sainte-Sabine 1669. — « Pierre Gouroux, recteur des escholles. »

1670. — « Ils ont de charges ordinaires 100 livres pour un maistre d'escolle. » (Enquête Bouchu, arch. de la Côte-d'Or.)

1681. — « Le maistre d'escole n'est pas approuvé. » Communiants, 400.

1689. — « Le maistre d'escole est approuvé. »

1728. — « Il y a un maître d'école dont ont est content, et de sa femme qui enseigne les filles séparément. »

1763. — « Il a été convenu par traitté passé le 23 janvier 1763 entre les habitants de la communauté de Sainte-Sabine et le nommé Jean Lucotte, que ce dernier feroit pendant neuf années les fonctions de maître d'école en cette paroisse, moyennant la somme de 80 livres par an, qui seroit imposée par moitié sur lesdits habitants et sur ceux de Chazilly. » C. 679.

1780. — « À la tenue des jours, les habitants de la paroisse de Sainte-Sabine ont renouvelé la convention du nommé Philippe Jaugey, leur recteur d'école, pour six années, et au lieu du modique gage de 80 livres qu'il avoit, ils ont jugé à propos de lui accorder 100 livres par an, outre les mois des écoliers et les assistances à l'église, qui peuvent faire un objet de 40 livres annuellement. Il lui a encore été promis qu'il ne seroit compris dans aucunes des impositions de la communauté. » Id.

Sémarey 1689. — « Le maistre d'escole est approuvé. » Communiants, 320.

1728. — « Nicolas Remoissenet, maître d'école, dont on est très content, sans institution et qui la mérite. »

1759. — « Le 1ᵉʳ décembre 1759, les habitants de Sémarey firent avec le nommé Louis Farcy une convention pour les servir en qualité de recteur d'école, moyennant les gages annuels de 7,2 livres, payables par quartier et par imposition, outre les rétributions ordinaires pour les mois des écoliers et les assistances à l'église. Cette convention a subsisté jusqu'à présent. Les habitants l'ont renouvelée pour six années commencées le 18 octobre 1786 aux mêmes clauses et conditions. » C. 681.

Soussey 1670. — « Il y a un maistre d'escolle qui s'acquitte de son debvoir. » Communiants, 300.

1681. — « Il y a un maistre d'escole approuvé. » Communiants, 300.

1728. — « Il y a un maître d'école dont M. le curé est content. »

1775. — « Les habitants de Soussey assemblés ont fait une convention avec le nommé Denis Cornesse pour leur servir de recteur d'école pendant 3, 6 ou 9 années aux gages de 120 livres. Lesdits habitants sont convenus que ladite somme de 120 livres seroit imposée sur eux. Denis Cornesse, qui représente l'institution qui lui a été donnée par M. l'évêque d'Autun, demande l'homologation de cette convention. » C. 1825.

Thoisy-le-Désert 1667. — « Il y a un maistre d'escolle, mais sa convention a été emportée par le subdélégué de M. l'intendant ; se nomme Jean Martin, angé de trente-deux ans, natif de ce lieu. » Communiants, 300.

1670. — « Ils ont cent livres de charges pour un maistre d'escolle et l'entretien de leur esglise. » (Enquête Bouchu, arch. de la Côte-d'Or.)

1681. — « Le maistre d'escole n'est pas approuvé. » Communiants, 200.

1689. — « Le maistre d'escole est approuvé. »

1728. — « Claude Carlin, maître d'école. Il faut l'avertir d'être plus exact. »

Vandenesse 1681. — « Le maistre d'escole n'est point approuvé. » Communiants, 200.

1689. — « Le maistre d'escole est approuvé. »

1766. — « Les habitants de Vandenesse, les Bordes et la Répe firent choix en 1766 du nommé Emiland Bélorgey pour leur recteur d'école et promirent de lui donner 80 livres de gages. La convention de ce recteur fut homologuée le 23 février 1769. Elle expira en 1775, mais aux jours ordinaires tenus le 26 mai 1779, elle a été continuée pour neuf années. » C. 684.

ARCHIPRÊTRÉ DE QUARRÉ-LES-TOMBES

Aisy 1702. — « Nous avons approuvé pour maistre d'escole François Chevrot, du consentement du sieur curé et des paroissiens présents à nostre visitte. »

Bussière 1698. — « Nous avons, sur le rapport dudict sieur curé, approuvé pour maistre d'escole dans laditte paroisse Jean Gouault. »

Chastellux 1700. — « Nous avons confirmé et institué pour maistre d'escole dans cette paroisse Guillaume Coquard pour jusqu'à nostre première visitte, et s'il ne satisfaict pas aux devoirs auxquels il est obligé, nous nous réservons, sur les avis qui nous seront envoyés par le sieur curé ou par les sieurs fabriciens, authorizés de délibération des habitants, de le destituer ou confirmer ainsy que nous verrons bon estre pour le bien de la paroisse. »

1703. — « Il y a un maistre d'escole. »

1760. — « Il n'y a d'autres maitres d'escole qu'un paysan qui en fait les fonctions. Il n'a ni pouvoir ni institution. »

1789. — « Edme Tortet, recteur d'école et maitre d'écriture. » (Arch. de l'Yonne, rôle des tailles.)

Dompierre-en-Morvan 1671. — « Anthoine Mouhard, maistre d'escole. » Communiants, 250.

Marigny 1667. — « Il y a un maistre d'escolle, nommé Jacques Chauvin, natif du lieu, âgé seulement de dix-huit ans, qui a esté

institué par le sieur curé. Il enseigne seulement les jeunes garçons
à lire. Il est assez instruit du catéchisme : l'en ayant interrogé,
il a assez bien répondu pour son âge. »

1696. — « Maistre d'escole, François Bargeot, bon maistre. »

1700. — « Nous avons confirmé François Bargeot, pour maistre
d'escole dans la paroisse, à condition qu'il fera son devoir plus
exactement que par le passé, pour quoy nous avons invité le sieur
curé (Jean Bouchard) d'y tenir la main. »

QUARRÉ-LES-TOMBES 1667. — « Il y a un maistre d'escolle en
ladicte paroisse, natif de Maligny, au diocèse d'Auxerre, âgé de
cinquante ans, nommé Edme Croslard, lequel est présentement
détenu au lit, malade. Il a esté establi par le feu sieur Morizot,
curé, et les habitants dudict Quarré avec lesquels il a passé
contract et s'est obligé d'enseigner le plaint-chant aux enfants, à
quoy il ne veut satisfaire et se contente de leur montrer la lecture et l'escriture. Les filles aussy bien que les garçons vont chez
luy pour y estre enseignées. »

1671. — « Quelques particuliers habitants ayans fait plainte
que le maistre d'escole, nommé Edme Crollard, néglige d'instruire la jeunesse et d'apprendre le plain-chant aux garçons de
la paroisse qui en sont capables, nous avons ordonné à son fils
qui s'est trouvé à nostre visite, de luy faire sçavoir de se rendre
plus soigneux, de satisfaire à son devoir et de se représenter dans
un mois par devant monsieur le grand vicaire pour estre confirmé
en cet employ. »

1695. — « Claude Picardat, maistre d'escolle. Il contente. »

1698. — « Après ce, s'est présenté Pierre de Bussy, maistre
d'escole de cette paroisse, qui nous a présenté ses lettres d'approbation à lui données par le sieur Baron, curé de Dun, archiprestre de Quarré, et nous a requis la confirmation ; ouy sur ce
les susdicts curés et les susdicts fabriciens qui nous ont dict estre
contents de son service, nous l'avons confirmé et approuvé et luy
avons recommandé de continuer à bien instruire la jeunesse et
observer sur ce les ordonnances de Mgr l'évesque. »

1702. — « Nous avons confirmé Pierre de Bussy pour maistre
d'escole. »

1760. — « Il y a dans cette paroisse un maistre d'école approuvé ;

il est de bonnes mœurs, remplit bien ses devoirs. Il est payé par la communauté. Les enfants m'ont parus bien instruits. Il n'y a point de maîtresse d'école approuvée ; les garçons demeurent avec les filles ; la maîtresse est femme du maître d'école. » Communiants, 850.

La Roche-en-Breny 1667. — « Il y a un maistre d'eschole qui demeure dans ledit lieu despuis environ quatre ans, qui enseigne à lire et escripre aux enfants des deux sexes, et à chanter aux garçons, par traicté qu'il a fait avec les paroissiens. » Communiants, 850.

1695. — « Le maistre d'escole de la Roche est mort. »

1698. — « François Millereau, maistre d'escole dans laditte paroisse, nous a requis institution que nous luy avons accordée, sur le bon rapport de Mres Anthoine Boylot et Louis Gailliardin, fabriciens, qui nous ont certifié de ses vie, mœurs et capacité. »

1702. — « Nous avons en outre reiglé le service qui se faict chaque année en l'honneur de Saint-Sébastien à trente sols pour honoraires du sieur curé, et quinze sols pour le maistre d'escole et pour le marguillier. »

Saint-Andeux 1670. — « Les charges sont les droits seigneuriaux et un maistre d'escolle. » (Enquête Bouchu, arch. de la Côte-d'Or.)

1702. — « Nous avons agréé qu'on se servit de Andéol Robert pour maistre d'escole dans la paroisse jusqu'à nostre première visitte, auquel temps, s'il continue à bien faire et édifier les paroissiens, nous luy donnerons nostre institution. »

Saint-Branché 1670. — « Chaque laboureur donne au recteur d'escolle un boisseau de seigle par an, les vefves et manouvriers 6 sous 6 deniers. » (Enquête Bouchu, arch. de la Côte-d'Or.)

1702. — « Nous avons, sur le rapport à nous fait par le sieur curé et ses paroissiens présents à nostre visitte, de la conduitte et capacité d'Edme Gault, maistre d'escole dans laditte paroisse, confirmé et approuvé. »

Saint-Didier 1670. — « Ledit sieur curé m'a dit qu'il n'y a

point de maistre ny de maistresse d'escole en sa paroisse, qu'il instruict par charité quelques jeunes garçons. »

Saint-Germain-des-Champs 1667. — « Le maistre d'escole est nommé Jacques Morin, natif de Saulieu, âgé de cinquante-cinq ans, qui enseigne en ladicte paroisse, depuis deux ans, les filles aussy bien que les garçons, auxquels il donne des instructions du catéchisme et les fait lire et escrire. Il a esté institué par le sieur curé et les habitants et a transigé avec eux pour le temps de trois ans. »

1670. — « Ils n'ont d'autres charges que celle du recteur d'escolle à qui chaque laboureur donne un boisseau de seigle par an, les vefves et manouvriers cinq sols. » (Enquête Bouchu, arch. de la Côte-d'Or.)

1671. — « Maistre Jacques Cocquard, maistre d'escole audit Saint-Germain ne s'est pas trouvé à nostre visite, mais ledit sieur Colas (curé) et les habitants dudit lieu, qui y ont esté présents, nous ont dit qu'il est très capable de cet employ, qu'il instruit fort soigneusement les jeunes garçons et est d'une vie fort exemplaire. »

1695. — « Le maistre d'escole n'a point d'institution. On n'en est point content. »

1698. — « Attendu que le maistre d'escole ne s'est point présenté à nostre visitte et que nous avons esté averty qu'il enseignoit les filles avec les garçons, nous luy avons fait défenses d'y continuer, et ordonné qu'il tiendra escole séparément pour cela, et ordonné qu'il observera ponctuellement les ordonnances de Mgr l'évesque d'Autun, dont il sera instruit par ledit sieur curé qui nous rendra compte de la conduitte dudict maistre d'escole à nostre prochaine visitte. »

1702. — « Avons confirmé pour maistre d'escole Edme Coquard, sur le rapport qui nous a esté faict de sa bonne conduitte, tant par ledict sieur curé que par les paroissiens présents à nostre visitte. »

1760. — « François Bourdillat fait dans cette paroisse les fonctions de maître d'école. Il est approuvé. Ses gages sont modiques ; il parait content. Les enfants nous ont parus instruits. La femme et la fille du maître d'école enseignent les filles. Elles sont dans la même maison avec les garçons »

SAINT-LÉGER-DE-FOURCHERET 1671. — « Si le maistre d'escole, nommé Guillaume Richard, a obtenu permission d'enseigner la jeunesse, s'il satisfait à son devoir, s'estant trouvé absent dans le tems de nostre visite, nous avons ordonné qu'on luy feroit sçavoir de se présenter dans le mois par-devant M. le grand vicaire, pour estre confirmé dans ledit employ, s'il le juge à propos. »

1695.—« Guillaume Moutenat, maistre d'escole. Il faict bien. »

1698. — « Sur ce que le sieur curé nous a fait rapport qu'il y avoit un maistre d'escole, nommé Guillaume Moutenat, qui est un homme prudent, sçachant bien lire, escrire et chanter à l'églize et qui donne de bonnes instructions aux enfants, mais qui se plaint de ce que les habitants n'entretiennent pas un traitté fait avec luy le neuf avril mil six cent nonante, par devant Naulot, notaire, et quoi qu'il fust approuvé par ledict Baron, archiprêtre de Carré, suivant qu'il nous a faict apparoir, nous avons confirmé ledict Moutenat dans la qualité de maistre d'escole dans laditte paroisse, l'exhortant de continuer ses bons services, luy enjoignant surtout de veiller à ce que dans ses escoles les filles et les garçons soient séparés, mandons et ordonnons aux habitants d'exécuter le susdict traitté et exhortons le sieur curé d'y tenir la main. »

TOSTE 1667. — « Il n'y a qu'une vieille femme, aagée de soixante et dix ans, demeurant chez ledit sieur curé, qui enseigne, avec ledit sieur curé à lire, les prières et le catéchisme aux enfants de l'un et de l'autre sexe, par charité, et nous avons trouvé lesdits enfants instruits des principaux mystères de la foi, lesquels nous avons interrogé. » Communiants, 200.

1671. — « Il n'y a point de maistre d'escholes pour l'instruction de la jeunesse, mais bien une bonne vieille vefve, laquelle instruict quelques petits jeunes garçons et des petites filles auxquels elle enseigne la doctrine chrétienne avec bien du zèle, et est fort capable de cest employ et de contenir la jeunesse dans la modération. »

1702. — « Nous avons approuvé et institué pour maistre d'escole dans laditte paroisse Émiland Remoissenet, sur le bon rapport à nous faict par le sieur curé et les paroissiens, de sa conduitte et capacité. »

ARCHIPRÊTRÉ DE SAULIEU

ALLEREY 1667. — « Le maistre d'escole apprend seullement à lire et escripre aux enfants de l'un et de l'autre sexe qui vont chez lui communément à l'eschole. » Communiants, 400.

1671. — « Le maistre d'eschole, Barthélemy Railleur, n'estoit au lieu. » Communiants, 360.

1702. — « Nous avons approuvé pour maître d'escole Jean Thiébault »

1780. — « Les habitants de cette paroisse ont fait choix du nommé Jean Jarlot pour les servir en qualité de recteur d'école, l'espace de 9 années, moyennant les gages annuels de 90 livres payables au 11 novembre de chaque année, outre les mois des écoliers et les assistances à l'église, avec l'exemption de taille. Depuis la convention cy-dessus, on a fait entrevoir à ces habitants que ce dernier avantage, l'exemption de taille, ne pouvoit dépendre d'eux, et ils sont convenus avec Jarlot qu'il seroit cottisé d'office à la somme de 3 livres seulement.

» Requête desdits habitants tendant à ce qu'il plaise à M. l'intendant d'homologuer leur marché en tout son contenu, à l'exception néantmoins que ledit Jarlot sera cottisé à une somme de 3 livres pour sa taille royalle, ordonner en conséquence aux communautés qui composent la paroisse d'Allerey d'imposer annuellement la somme de 90 livres à laquelle ont été fixés les gages du recteur, ensemble celle des 16 livres 11 sous pour les frais de sa convention, suivant le reçu du notaire.

» La convention dont il s'agit est bien dans le cas d'être homologuée en ce qui concerne les gages assignés au nommé Jarlot, mais ce n'est pas à M. l'intendant à prononcer sur la cotte d'office que les habitants se proposent de donner à leur recteur ; on se contentera d'insérer dans l'ordonnance cy-après la disposition ordinaire relative aux exemptions.

» Vu la présente requête et l'acte reçu Maréchal, notaire à Nailly, le 31 décembre 1780, contenant les conventions faittes entre les suppliants et le nommé Jarlot pour les servir en qualité de recteur d'école, pendant l'espace de neuf années, moyennant

les gages annuels de 90 livres, indépendamment des rétributions stipulées audit acte, tout considéré, nous ayant aucune-
ment égard à ladite présente requête, avons homologué et approuvé
ledit acte en ce qui concerne ladite somme de 90 livres que nous
ordonnons aux supplians d'imposer sur eux annuellement au
marc la livre de leur taille royalle et par un rolle particulier
qui sera vérifié et rendu exécutoire sans frais par le sieur Rau-
dot, notre subdélégué à Arnay-le-Duc, que nous commettons à
cet effet, pour être ladite somme de 90 livres payée aussi annuellement, pendant la durée dudit acte et aux termes portés par
icelui, entre les mains dudit Jarlot par le collecteur dudit rolle,
sans divertissement, à peine du quadruple. Ordonnons en outre
que dans le premier rolle qui sera fait en exécution de notre
présente ordonnance, les supplians seront tenus d'imposer dans la
forme cy-dessus la somme de 16 livres 11 sous à laquelle
reviennent les frais dudit acte, pour être ladite somme payée sans
divertissement entre les mains dudit Jarlot qui en a fait l'avance,
sera au surplus ledit Jarlot sujet, comme les autres habitants
d'Allerey, à touttes les charges de cette communauté, sauf celles
qui peuvent être exceptées ou modifiées par les règlements généraux en faveur des recteurs d'école. Fait le 22 mars 1781. » C. 640.

ARCONCEY 1671. — « Le peuple est instruict, comme nous
l'avons reconnu par les interrogations que nous avons faict à
divers petits enfants qui vont à l'eschole et sont enseignéz par
Georges Cunisset, maistre d'eschole audict lieu. » Communiants, 360.

1698. — « Nous avons approuvé et institué Jean Thibault pour
maistre d'escole dans laditte paroisse d'Arconcey, sur le rapport
qui nous a esté faict de sa bonne conduitte par le sieur curé. »

1702. — « Nous avons approuvé et institué pour maître d'escole
dans laditte paroisse François Vion. »

1780. — Maître d'école à cinquante écus de gage, fondé par
madame Jeanne Hubert. » [1]

1789. — « François Bonnot, recteur d'écolle. »

---

1. Courtépée, *Description du duché de Bourgogne,* nouv. édit., t. IV, p. 66.

BEURREY 1667. — « Le maistre d'eschole est natif de Thoisy-le-Désert, diocèse d'Autun. Il demeure audit Beurrey despuis environ huit ans, par accord avec les habitants. » Communiants, 220.

1670. — « Il y a un maistre d'eschole, nommé Réné Thibault, qui est absent, auquel nous avons laissé ordonnance de se représenter dans un mois par-devant M. le grand vicaire, pour estre interrogé, à faute de quoy luy avons fait deffence de continuer les fonctions de maistre d'eschole. » Communiants, 220.

1686. — Jugement de l'intendance qui condamne les habitants à payer à George Cunisset, leur recteur d'école, cinq livres par an pour le louage d'une chambre, une mesure comble de froment, mesure d'Arnay, par chaque laboureur et dix sols par chaque manouvrier et femme veuve, excepté les deux plus pauvres femmes veuves qui ne lui payaient que cinq sols, conformément à la convention passée entre eux. C. 2910.

1775. — « Le 1er avril 1775, convention faitte par les habitants de Beurrey-Beaugay avec Jean Langoureau pour leur servir de maître d'école pendant 3 années, aux gages de 60 livres par an, payables de 3 en 3 mois, comme aussy qu'il luy sera payé une mesure de froment par chaque laboureur et une demie mesure par chaque manouvrier pour l'eau bénite. » C. 646.

CENSEREY 1670. — « Leurs charges ordinaires sont de 30 livres seulement pour l'entretien de l'église, sonneur et maistre d'escolle. » (Enquête Bouchu, arch. de la Côte-d'Or.)

1746. — « Le 20 novembre 1746, les habitants de Censerey firent avec le nommé Lhomme une convention pour les servir en qualité de recteur d'école pendant trois années, moyennant les gages annuels de 60 livres, payables en deux termes, outre les mois des écoliers et les assistances à l'église. Cette convention, quoique expirée depuis nombre d'années, a toujours subsisté, et toutes les parties sont exécutées de bonne foi, malgré le défaut d'homologation. » C. 648.

CLOMOT 1667. — « Le maistre d'eschole enseigne à lire et escripre aux enfants des deux sexes. » Communiants, 120.

1671. — « Le maistre d'eschole se nomme Jacques Bouquat et contente les paroissiens. » Communiants, 220.

1698. — « Sur le bon rapport à nous faict, par le sieur curé, de la bonne conduitte de Louis Bidault, maistre d'escole, nous l'avons confirmé et approuvé dans cette fonction. »

1702. — « Nous avons confirmé pour maître d'escole Louis Bidault, et pour ses gages, les paroissiens s'assembleront incessamment pour y pourvoir suffisamment, afin que ledit Bidault ne soit point contraint de laisser l'églize sans chantre et la jeunesse sans instruction. »

1780. — « Maître d'école, à cinquante écus de gage, fondé par madame Jeanne Hubert. » [1]

LA COUR-D'ARCENAY 1698. — « Nous avons ordonné que les paroissiens s'assembleront incessamment par-devant le sieur curé, pour faire un revenu raisonnable pour Jean Marie, maistre d'escole en ladite paroisse. » Communiants, 180.

LIERNAIS 1667. — « Il y a un jeune enfant, aagé d'environ quatorze ans, qui enseigne à lire et escripre aux enfants des deux sexes, despuis environ un an qu'il demeure audit lieu, par accord fait avec les habitants dudit lieu. » Communiants, 300.

1702. — « Nous avons institué et confirmé Pierre Regnault pour maître d'escole et chantre dans ladite paroisse, exhortant les paroissiens de luy fournir des rétributions nécessaires pour qu'il s'applique mieux à chanter à l'églize et à l'instruction des enfants. » Communiants, 450.

1710. — « Pierre Renaud et François Renaud, son fils, recteurs des écoles de Liernais. » (Registres des baptêmes, mariages et sépultures de la paroisse de Liernais.)

1714. — François Renaud, recteur d'école, succède à son père, décédé le 19 avril 1714, et occupe seul ses fonctions jusqu'à l'époque de sa mort, le 15 octobre 1736. Id.

1736. — François Michel, recteur d'école, du 6 novembre 1736 au 30 avril 1738. Id.

1. Courtépée, *Description du duché de Bourgogne,* nouv. édit., t. IV, p. 60.

1739. — Pierre Renaud, recteur des escoles, du 24 avril 1739 au 21 mai 1755, époque de sa mort. Id.

1756. — Jean-Baptiste Charton, recteur d'école, du 23 sep tembre 1756 à 1789. Id.

MANLAY 1740. — « Étienne Commegrain, recteur d'école à Manlay, aux gages de 60 livres par an. » C. 693.

MARCILLY 1667. — « Il y a un maistre d'eschole qui enseigne à lire et escripre et chanter. Les enfants des deux sexes y vont. » Communiants, 300.

1670. — « Leurs charges ordinaires sont de 60 livres d'un costé et 30 livres de l'autre, tant pour l'entretien de l'église que du maistre d'escolle. » (Enquête Bouchu, arch. de la Côte-d'Or.)

1671. — « Il y a un maistre d'eschole, nommé Léonard Robert qui prend soing de s'acquitter de son devoir. Il y a peu d'enfants qui aillent à l'eschole, si ce n'est dans le temps de l'hyvert. »

1698. — « Nous estant informé des mœurs et capacité de Reiné Desvignes, maistre d'escole de laditte paroisse, les paroissiens nous ont déclaré en estre satisfaicts, pour quoy nous l'avons continué et approuvé et confirmé dans cette fonction. »

MISSERY 1667. — « Il y a un maistre d'eschole, nommé Tous- saint Mareschal, qui est audit lieu depuis plus de vingt ans, et enseigne à lire, escripre et chanter aux enfants de l'un et de l'autre sexe, dont il est capable. » Communiants, 240.

1671. — « Joachim Gagey, maistre d'eschole. » Commu- niants, 300.

1703. — « Sur le bon rapport du sieur curé et sur celuy des paroissiens, nous avons institué et approuvé pour maistre d'escole dans laditte paroisse Jean Délons. »

MONT-SAINT-JEAN 1667. — « Il y a un maistre d'escholle qui enseigne à lire et escripre aux enfants des deux sexes, nommé Philibert Meuret, natif de Fleury, diocèse de Sens, qui demeure audit lieu depuis trois semaines, par accord fait avec les habi- tants dudit lieu. » Communiants, 800.

1671. — « Philibert Neveu, maistre d'eschole. Nous avons

trouvé les enfants bien instruicts des mistères de la religion. »
Communiants, 800.

1702. — « Nous avons approuvé pour maître d'escole François
Boisseau. »

PRÉCY-SOUS-THIL 1667. — « Jean Ronneau, maistre d'escole,
enseigne, à lire et escripre seullement, aux enfants des deux
sexes, par traicté avec les habitants. » Communiants, 190.

1669. — « Jugement rendu par l'intendant Bouchu, qui oblige
les habitants de Précy à exécuter le traité passé entre eux et le
sieur Roneau, leur recteur d'école, le 20 décembre 1665. »
C. 2893.

1670. — « Le maistre d'eschole, nommé Mathieu Ballieu, alloué
ces jours passéz, n'est encore demeurant sur les lieux. » Communiants, 200.

1698. — « Joachim Gagé, maistre d'escole audict lieu. »

PROMENOIS (paroisse de Jouey) 1670. — « Leurs charges ordinaires consistent en l'entretien de leur église, sonneur et maistre
d'escolle, qui peuvent monter à 40 livres par an. » (Enquête
Bouchu, arch. de la Côte-d'Or.)

SAINT-MARTIN-DE-LA-MER 1702. — « Nous avons en outre
confirmé Pierre Regnault pour chantre et maistre d'escole en
ladite églize, et avons exhorté les paroissiens de le bien payer,
luy avons aussy ordonné de bien faire son devoir, de suivre les
ordonnances épiscopales et d'obéir à M. le curé, ce qu'il a promis. » Communiants, 180.

SAULIEU [1] 1739. — « Il y a un maître d'école dont on est content.
Il y a deux maîtresses d'école dont M. le curé est content. »

SUSSEY 1670. — « Les charges ordinaires montent à 50 livres

---

[1]. Dans les protocoles mss. de Jehan Soillenier, notaire à Saulieu, on rencontre la mention de deux recteurs d'école de Saulieu au quinzième siècle :
Symon Raoul en 1422, et Jehan Forestier, alias de la Vaul en 1420. (Arch.
de la ville d'Autun.)

pour l'entretien de leur esglise et maistre d'escolle. » (Enquête Bouchu, arch. de la Côte-d'Or.)

1702. — « Nous avons approuvé et confirmé Joseph Garnier pour maître d'escole dans laditte paroisse. »

1750. — « Le nommé Toussaint Garnier fait les fonctions de recteur d'école à Sussey depuis 1750. Le curé et la majeure partie des habitants désirent le conserver, attendu qu'il a la capacité nécessaire pour remplir les devoirs de son état et qu'il est de bonnes mœurs. » C. 682.

1785. — « Le nommé Toussaint Garnier, qui faisoit les fonctions de recteur d'école dans la paroisse de Sussey depuis 1750, ne pouvant les continuer à cause de son grand âge, les habitants ont fait choix pour le remplacer du nommé Pierre Coquegniot. En conséquence, ils ont passé une convention pour neuf années, commencées le 23 avril 1785, moyennant 90 livres de gages annuels, payables par imposition chaque année le 23 avril. Il sera exempt de taille et capitation. » Id.

Thoisy-la-Berchère 1667. — « Il y a un maistre d'eschole qui enseigne aux enfants de l'un et de l'autre sexe à lire, escripre et chanter, dont il est capable. Il se nomme Jean Guyotton et demeure audit lieu depuis le commencement de novembre dernier, par convention faite avec les habitants, natif de Vic-sous-Thil, diocèse d'Autun. » Communiants, 600.

1671. — « Il y a un maistre d'eschole suffisamment capable pour l'instruction des enfants, et de bonne conduite. » Communiants, 550.

1698. — « Nous avons continué pour maistre d'escole François Petitot, sur le rapport de sa bonne conduitte à nous fait par le sieur curé. »

1702. — « Nous avons institué et approuvé pour maître d'escole en cette paroisse Abraham Seguin, à condition qu'il fera pour les garçons une école séparée de celle des filles. »

Vic-sous-Thil 1667. — « Le sieur Rouget enseigne les enfants de l'un et de l'autre sexe à lire, escripre et chanter à l'église et les rudiments de la foy, dont il est capable. Il demeure dans laditte paroisse despuis environ vingt ans. » Communiants, 300.

1670. — « Il y a un maistre d'escholo pour enseigner les enfants iesquels nous avons trouvés bien instruicts. » Communiants, 400.

VILLARGOIX 1667. — « Le maistre d'escholo enseigne à lire, escripre et chanter aux enfants des deux sexes, et demoure despuis environ huit mois dans laditte paroisse par accomodement avec les paroissiens. Communiants, 160.

ARCHIPRÊTRÉ DE SEMUR-EN-AUXOIS

BRAUX 1705. — « Il y a un maître d'écollo. »

CHARNY 1667. — « Le maistre d'escole instruit la jeunesse et ayde à chanter au chœur, et il est gagé pour cela. » Communiants, 120.

1670. — « Il y a un maistre d'escole qui s'acquitte soigneusement de son debvoir. » Communiants, 120.

1758. — « En vertu d'une convention du 24 septembre 1758, Germain Braban a fait les fonctions de recteur d'école de la paroisse de Charny jusqu'au 14 septembre 1772, tems auquel il a plu à la communauté de choisir un autre recteur d'école. » C. 1683.

1772. — Le 13 septembre 1772, les habitants de cette communauté assemblés font une convention pour 3, 6 ou 9 années à commencer de ce jour avec le nommé Jean-Baptiste Grognot, recteur d'é ole, auquel ils s'engagent à payer 40 livres de gages. » Id.

CORCELLE-LÈS-SEMUR 1667. — « Le maistre d'escolle est establist audit lieu en vertu d'un contract receu Menestrier, notaire royal, le 18 apvril dernier, instruit les enfants et est capable, natif de ce lieu, aagé de trente-quatre ans. » Communiants, 250.

GENAIX 1667. — « Il y a un maistre d'escole. Son nom est Anthoine Movoir, de Corsin, aagé de vingt et un ans. Il y a convention passée entre luy et les habitants, icelle en datte du 3 juin 1665, enseigne à lire, escripre et ayde à chanter au chœur. » Communiants, 120.

1669. — « Jean Laurenson, maistre d'escholle. »

1770. — « Le nommé Godot qui faisait les fonctions de recteur d'école dans la paroisse de Genaix est mort. Les habitants ont choisi pour le remplacer le nommé Claude Thevenin avec lequel ils ont fait une convention qui fixe ses gages annuels à la somme de 150 livres et lui accorde pour son logement 30 livres. » C. 1693.

MARCIGNY-SOUS-THIL 1776. — « Le 28 avril 1776, les habitants de Marcigny et Saux ont choisi pour leur recteur d'école le nommé Philibert Bertot, et ils ont fait avec lui une convention par laquelle ils ont promis de lui payer annuellement savoir : 1° la somme de 49 livres en argent, dont chaque laboureur supportera 40 sous et chaque manouvrier 20 sous ; 2° un boisseau comble de bled, mesure de Semur, par chaque laboureur, et un boisseau raclé par chaque manœuvre. » (Elle fut annulée par ordonnance du 27 décembre 1788.) C. 1695.

MONTIGNY 1670. — « Il n'y a point de maistre d'escolle, mais le sieur Chalveit (vicaire) prend un grand soin de l'instruction des enfants. »

1757. — « Le 27 septembre 1757, les habitants de cette paroisse ont fait une convention avec le nommé Cadou, recteur d'école, par laquelle ils s'obligèrent de lui payer annuellement, par chaque laboureur, 1 livre 10 sols, et par chaque manouvrier ou veuve 10 sous, et encore de lui donner un boisseau de bled comble par chaque laboureur et un boisseau comble de seigle par chaque manouvrier. Jusqu'à présent cette convention a eu son exécution, mais quelques habitants refusant actuellement de l'exécuter, Cadou en demande l'homologation. » C. 1701.

NOIDAN 1667. — « Il y a un maistre d'escole qui ayde à chanter au chœur et instruit la jeunesse, suivant la convention du 24 may 1666. Il enseigne le catéchisme. Son nom est Mathieu Jossan, du pays du Velay, mais il y a huit ans qu'il réside en ce lieu, et est aagé de vingt-cinq ans. » Communiants, 180.

1670. — « Mathieu Jossan, maistre d'escole. » Communiants, 200.

Saint-Beurry 1667. — « Il y a un maistre d'escole. Son nom est Henry Finot, natif de Dijon, aagé de trente-cinq ans, et est establist audit lieu dès le 15 octobre 1665, et instruit la jeunesse. » Communiants, 300.

1770. — « Le 17 avril 1770, les habitants de Saint-Beury ont fait une convention avec le nommé Germain Renault qui s'est obligé de faire les fonctions de recteur d'école dans cette paroisse pendant 6 ou 9 années, moyennant que chaque laboureur donnera 1 livre 16 sous, chaque manœuvre 1 livre 6 sous et chaque femme veuve 15 sous, outre les mois des écoliers et les assistances à l'église. Cette convention porte aussi que dans le cas où toutes ces sommes réunies ne formeraient pas celle de 120 livres, les habitants de Saint-Beury y suppléeront et que si elles montoient plus haut l'excédent sera au profit du recteur d'école. La convention dont il s'agit devait durer 3, 6 ou 9 années. Au 17 avril prochain il y en aura 6 expirées. On pourroit l'homologuer pour les 3 années qui restent, mais comme M. l'intendant a décidé de ne laisser faire aucune imposition par feu, il conviendra de dire que le montant des gages qui sont de 120 livres sera imposé au marc la livre de la taille royale. » C. 1819.

1783. — « Les habitants de Saint-Beury avoient pour recteur d'école, le nommé Germain Renault, qui les a quittés, et il a été remplacé par le nommé Pierre Frèrejean avec lequel ils ont fait une convention qui doit durer 3, 6 ou 9 années, commencées le même jour et qui lui assigne 120 livres de gages par an, payables en 2 termes égaux, outre les mois des écoliers et les assistances à l'église. Cette convention donne aussi à ce recteur la faculté de faire chaque année dans la paroisse une quête de vin qui sera volontaire, c'est-à-dire que chaque habitant sera libre de donner ou de refuser. Elle stipule encore une exemption des charges de la communauté en faveur de ce recteur qui a été agréé par le curé, ainsi qu'il apert par ladite convention.

» La convention dont il s'agit contient deux clauses illicites : 1° la quête de vin ; 2° l'exemption des charges de la communauté. Elles doivent être proscrites toutes deux avec défenses au recteur de percevoir d'autres rétributions que ses gages, les mois des écoliers et les assistances à l'église, qui lui font un traitement raisonnable et tel que l'avoit son prédécesseur. » Id.

1787. — « Le nommé Frèrejean, qui faisoit les fonctions de recteur d'école dans la paroisse de Saint-Beury, a quitté cette place. Les habitants ont fait choix pour le remplacer du nommé Charles Jobard avec lequel ils ont passé une convention pour 3, 6 ou 9 années. Cette convention lui assigne 120 livres de gages annuels. » Id.

SAINT-EUPHRONE 1667. — « Il y a un maistre d'escolle dont le nom est Guillaume Pouchenot, aagé de trente-cinq ans, natif de Bagneux, est capable d'instruire la jeunesse. » Communiants, 400.

1669. — « Jean Joly, recteur d'eschole. »

SAINT-THIBAUT 1667. — « Il y a un maistre d'eschollе qui a parfois vingt ou trente escholiers, d'aultre fois trois ou quatre qui sont tous petits. On leur enseigne leur créance et le catéchisme. » Communiants, 250.

1670. — « François Guiotton, maistre d'escolle. »

1705. — « Il y a un maitre d'écolle. »

SEMUR 1667. — « Il y a une escole publique en laditte ville, par convention faitte entre messieurs de la ville et les pères Carmes. »

1739. — « Il y a un maitre et une maitresse d'école. [1] »

THOREY 1670. — « Il y a un maistre d'escolle fort soigneux de son debvoir. » Communiants, 300.

1772. — « Le nommé Claude Bizouard est recteur d'école de cette communauté depuis 1743. Sa convention a été homologuée par M. de Saint-Contest et exécutée depuis par tacite reconduction. Cependant les habitants l'ont renouvelée le 28 juillet 1772 pour six années commencées au 1er avril, et ils se sont engagés à payer à ce Bizouard annuellement la somme de 60 livres. » C. 1709.

---

1. V. la *Notice historique sur les écoles de Semur-en-Auxois,* par M. Leleu, publiée dans le neuvième volume du *Bulletin de la Société des sciences historiques et naturelles de Semur.*

Vic-de-Chassenay 1668. — « Il y a un régent pour les escholles. »

1669. — « Jean Bauby, maistre d'eschollo. » Communiants, 200.

ARCHIPRÊTRÉ DE TOUILLON [1]

Bussy-lès-Forges 1667. — « Il y a un maistre d'eschollo gagé et establist par le sieur curé et la communaulté. » Communiants, 900.

1681. — « Le maistre d'escole n'a point d'institution. »

1689. — « Un maistre d'escole marié. »

1690. — « Maître d'école depuis trois ans, a son institution. »

Corcelle-sous-Grignon 1667. — « Le maistre d'eschollo ayde à chanter au chœur. Ledit maistre est seullement establist despuis quatre jours, de l'authorité du sieur curé et des paroissiens, et comme la convention n'est rédigée par escript, nous avons ordonné qu'elle le sera incessament. » Communiants, 240.

1681. — « Le maistre d'escole a son institution de l'évêché. » Communiants, 250.

1689. — « Il y a un maistre d'escole sans institution. »

1690. — « Maître d'école sans institution. »

Darcey 1667. — « Le maistre d'escole est capable et a une convention avec les habitants, en datte du 19 juillet 1666, aagé de vingt-cinq ans, natif de Bussy, enseigne à lire, escripre et le catéchisme. » Communiants, 430.

1669. — « Mre Anthoine Racine, recteur d'escholles. » Communiants, 459.

---

1. 1695. — « L'archiprestre soussigné a donné des institutions de maistre d'escole, sçavoir : à Valentin Brusley, pour Grésigny ; à Jacques Bouquin, pour Darcey ; à André Gué, pour Eringe ; à Jean Paris, pour Saigny, qui est à présent au Fain ; à Quantin Primorin, pour Lucenay-le-Duc ; à Nicolas Bardot, pour Marmagne ; qui tous font bien leur devoir et sont munis des règlements, suivant l'ordonnance. » (*Response à la lettre de Mgr touchant l'archiprêtré de Touillon*, fol. 1 ; arch. de l'évêché d'Autun.)

1681. — « Le maistre d'escole a son institution. »

1689. — « Il y a un maistre d'escole sans institution. »

1690. — « Maitre d'école depuis trois mois, a son institution. »

1696. — « On changera de maitre d'école ou on l'obligera à mieux faire. »

FAIN 1667. — « Le maistre d'escholle ayde à chanter au chœur, et l'on est sur le point de convenir avec luy pour instruire les enfants. » Communiants, 80.

FRAIGNE 1681. — « Le maistre d'escole a esté institué de Mgr d'Autun. » Communiants, 300.

1689. — « Un maistre d'escole marié, très honneste homme. »

1690. — « Maître d'école depuis trois ans, est fort honneste homme, a son institution. »

1696. — « Le maitre d'école fait bien son devoir. »

FRESNES 1777. — « Le 1er avril 1777, les habitants de Fresnes et dépendances ont fait une nouvelle convention pour 9 années avec le nommé Chevallier, leur recteur d'école, auquel ils ont promis 80 livres de gages payables annuellement, outre les assistances à l'église et les mois des écoliers, avec l'exemption de touttes charges de communauté. » C. 1363.

1785. — « Le 16 novembre 1785, une nouvelle convention pour 9 années, avec le nommé Chevallier, leur recteur d'école, aux gages annuels de 80 livres comme cy-devant. » Id.

GRÉSIGNY 1681. — « Le maistre d'escole est sans institution. » Communiants, 200.

1689. — « Il y a toujours eu un maistre d'escole, mais depuis Paques il n'y en a plus. »

1690. — « Sage maitre d'école depuis trois mois. Il aura son institution. »

1696. — « On donnera l'institution au maistre d'escole. »

1779. — « Le 21 septembre 1779, à la tenue des jours de justice, les habitants de Grésigny ont fait une nouvelle convention pour 6 ou 9 années, avec Pierre Boguet, leur recteur d'école, auquel ils ont assigné 100 livres de gages annuels, outre les mois des écoliers et les assistances à l'église. Il sera imposé à la taille suivant ses facultés. » C. 1185.

GRIGNON 1667. — « Le maistre d'eschelle ayde à chanter au chœur. » Communiants, 360.

1689. — « Il y a un maistre d'escole. »

1783. — « Les habitants de Grignon et dépendances avoient pour recteur d'école un nommé Jean Lamy qui les a servis pendant 50 ans et qu'ils ont remercié à cause de son grand âge. Désirant un nouveau sujet, ces habitants se sont assemblés par devant Pernotte, notaire à Alize-Sainte-Reine, et de l'agrément du sieur Baudoin, curé, ils ont fait choix du nommé François Hersant, cy-devant recteur d'école à Darcey, auquel il a été assigné 180 livres de gages annuels, avec un logement et les assistances à l'église et les mois des écoliers. La convention a été faite pour une année qui a commencé le 15 septembre 1782, et pour plus longtemps au cas que les parties se convinssent réciproquement. M. le baron de Grignon a écrit à M. l'intendant pour empêcher l'homologation. Il prétend que les conditions de la convention dont il s'agit sont onéreuses à la communauté, qu'il s'étoit présenté un autre sujet qui acceptoit la place pour 50 livres de moins par an, qu'il a été refusé et que le nommé Hersant a été préféré par les intrigues du curé dont il est parent. »

Le subdélégué, M. Daubenton, répond : « que d'après les éclaircissements qu'il a pris sur la convention du nommé Hersant, il a reconnu que les représentations faites sur cet objet par M. le baron de Grignon sont bien fondées et qu'il n'est pas douteux que si on a accordé 180 livres de gages à ce recteur d'école c'est plutôt en considération de sa parenté avec le curé de cette paroisse que par rapport à son art, et qu'il estime que cette somme soit réduite à 100 livres, sauf aux habitants de Grignon à se pourvoir d'un autre recteur, si toutefois Hersant ne peut pas s'en contenter. » C. 1364.

LUCENAY-LE-DUC 1667. — « Il y a un maistre d'escole establist, lequel instruit la jeunesse suivant la nécessité du temps. Il est capable, tant pour enseigner que pour chanter. Son nom est Louys Lambert, aagé de vingt-cinq ans, et est natif de Suraine proche Paris. Sa convention est du 16 may dernier. » Communiants, 300.

1670. — « Anthoine Noirot, recteur d'escholes. »

1681. — « Le maistre d'escole est sans institution. »

1689. — « Le maistre d'escole est marié et bien capable pour le lieu. »

1690. — « Bon maître d'école depuis trois ans, a son institution. »

1696. — « Le maître d'école a-t-il bien soin des enfants ? A-t-il une institution ? S'il est propre, donnez-lui une institution révocable *ad nutum*. »

R. « Il est institué. »

1782. — « Les habitants de Lucenay-le-Duc; contents des services de Nicolas-Alexis Ronot, leur recteur d'école, passèrent avec lui une nouvelle convention pour 3, 6 ou 9 années qui ont commencé le 1ᵉʳ mars 1782, et ils lui assignèrent 100 livres de gages annuels, payables à la fin de chaque année, outre les mois des écoliers et les assistances à l'église. » C. 1367.

MARMAGNE 1696. — « Le maître d'école fait bien son devoir. »

MÉNETREUX-LE-PITOIS 1667. — « Il y a en ladite paroisse un maistre d'eschollo qui enseigne à lire et escripre et le catéchisme, qui est establist de l'authorité dudit sieur Nicollas (le curé) et par convention. » Communiants, 210.

1681. — « Le maistre d'escole n'a point d'institution. »

1689. — « Il y a un maistre d'école non marié. »

1690. — « Bon maître d'école depuis dix-huit mois. Il a son institution. »

1781. — « Les habitants de Ménetreux ont fait choix du nommé Jean-François Collot pour les servir en qualité de recteur d'école pendant une durée de 3, 6 ou 9 ans, moyennant les gages annuels de 110 livres payables par imposition au 11 novembre de chaque année, outre les mois des écoliers et les assistances à l'église. La convention porte une exemption de taille en faveur de ce recteur, qu'il lui sera donné par chaque habitant une poignée de chanvre femelle dans le tems de la récolte et

qu'il pourra faire une quête en vin lors des vendanges, laquelle
sera volontaire.

» Le nommé Collot a bien senti que ces différentes rétributions
et notament l'exemption de taille, étoient contraires aux principes, car en demandant l'homologation de sa convention, il
observe qu'il s'en rapporte à M. l'intendant sur les changements
et modifications qu'il lui paroîtra convenable d'y faire. »
C. 1372.

1786. — « Les habitants de Ménetreux ont fait choix du
nommé Jacque Renaud pour faire les fonctions de recteur d'é-
cole dans leur paroisse et ils ont passé avec lui une convention
pour un tems illimité, laquelle fixe ses gages annuels à la somme
de 100 livres payable par imposition, outre les mois des écoliers
et les assistances à l'église. La convention porte qu'il sera exempt
de taille et autres charges de communauté. » Id.

Mussy-la-Fosse 1668. — « Deux femmes instruisent les enfants
à la satisfaction du public. » Communiants, 100.

Saigny 1667. — « Il y a un maistre d'escholle qui ayde à chanter au chœur, establist de l'authorité dudit sieur vicaire et des
paroissiens. Mais il n'y a point encore de convention que les
habitants ont promis de passer incessament. » Communiants, 120.

Sainte-Reine-d'Alise 1667. — « Il y a un maistre d'escole,
nommé Claude Brisebois, aagé de cinquante-six ans, natif de ce
lieu, mais il n'y a aulcune convention passée avec luy. » Communiants, 400

1668. — « Il y a un maistre d'escole. »

Touillon 1689. — « Il y a un maistre d'escole marié. » Communiants, 450.

Venarrey 1667. — « Il y a en oultre un maistre d'escholle qui
ayde à chanter au chœur, capable d'instruire les ènffants, le
tout suivant le rapport dudit sieur curé qui nous a dict estre
iceluy maistre d'escholle pour le présent absent. » Communiants, 280.

1668. — « Il y a un maistro d'escolle, nommé Claude Garault, lequel a soin des garçons, et sa fille onseigne les filles, desquels le sieur curé est satisfait aussy bien que lesdits habitants qui donnent audit maistre d'escolle cinquante francs par an, sur quoy il est obligé de se loger. »

1681. — « Le maistre d'escole est dit estre institué de Mgr. » Communiants, 350.

1689. — « Il y a un maître d'écóle non marié. »

1690. — « Maître d'école depuis quatre ans, a son institution. »

ARCHIPRÊTRÉ DE VÉZELAY

ASNIÈRES 1681. — « Point de maistre d'escholo. Le sieur curé prend luy mesmo la peine d'enseigner. » Communiants, 251.

ASQUINS 1700. — « Le maistre d'escole se conformera aux ordonnances de Mgr d'Autun et sera plus exact à faire sa classe, ses instructions et autres devoirs, qu'il ne l'a esté par le passé, comme on nous l'a appris, et pour cet effect, suivra les avis du sieur curé, lequel nous avons invité de visitter une fois la semaine l'escole dudit maistre, pour qu'au cas que ledit maistre ne satisfasse pas à ce que dessus, estre iceluy destitué et en estre mis un autre à sa place, et cependant nous avons confirmé son institution jusqu'à ce qu'autrement soit dict. » Communiants, 350.

1703. — « Il y a un maistre d'escolle. »

1780. — « Deux écoles publiques, une troisième au village de Vaux-Donjon, entretenue par la générosité d'un ancien conseiller au parlement. » Habitants, 963. [1]

BLANAY 1700. — « Nous avons confirmé Nicolas Robert pour maistre d'escole audit Blanay, et pour ce nous luy avons donné nostre institution. » Communians, 115.

1703. — « Il y a un maistre d'escole. »

---

1. Courtépée, Description du duché de Bourgogne, nouv. édit., t. IV, p. 380.

Brèves 1754. — « Le maître d'écolo a aussi paru devant nous
et nous a avoué qu'il n'avoit point d'institution, mais que
d'ailleurs il étoit très disposé à observer les règlements faits par
Mgr pour les gens de sa profession. »

Brosse 1671. — « Le maistre d'escole est Jean Sergent. »

Chatel-Censoir 1671. — « A dit qu'il y a un régent qu'il nous
a fait apparoir, lequel, après l'interrogatoire que nous luy avons
fait, avons reconnu capable d'exercer ladite fonction, et luy ayant
demandé s'il enseignoit des filles à lire, à écrire, nous a respondu
qu'il en avoit cinq ou six estant dans une seule classe, sur un
banc. »

1700. — « Nous avons confirmé le sieur Jacques Reiné de
nouveau pour maistre d'escole dans la paroisse, comme aussy
honeste Magdelaine Brudon, sa belle-fille, pour enseigner les
filles, et à cet effect, nous luy avons octroyé nostre institution. »
Communiants, 500.

1703. — « Il y a un maistre d'escolle. »

Dornecy 1681. — « Il y a un maistre d'escole qui s'acquitte
assez de son devoir et qui a soin d'élever la jeunesse dans la piété
et les bonnes mœurs. » Communiants, 350.

1700. — « Nous avons confirmé le sieur Nicolas Brissard pour
maistre d'escole, et pour ce nous luy avons donné nostre institution. » Communiants, 400.

1754. — « Nous étant informés de la conduite du maître d'é-
cole, nous avons appris qu'il enseignoit les garçons et les filles
dans une même école. Nous avons ordonné que le maître d'école
feroit deux classes à différentes heures, l'une pour les filles,
l'autre pour les garçons, et feroit instruire lesdites filles par son
épouse ou par sa fille. Nous avons encore reconnu qu'il y a eu
dans l'église dudit lieu une confrérie de la sainte Vierge qui
possédoit un grand nombre de journaux de terre dont les habitants ont retranché trente-six journaux et les ont cédés au maître
d'école pour ses gages depuis environ vingt ans ; lesdits habitants néanmoins sont fort en état de fournir par eux-mêmes un
gage suffisant audit maître. Nous avons ordonné que les terres

qui lui ont été transportées pour ses gages retourneront au profit de l'église après l'expiration prochaine de son bail actuel, et que les habitants dudit lieu lui fourniront sur eux-mêmes une somme de dix écus par an, qui est le prix auquel on fait monter les revenus desdites terres. »

GIVRY 1700. — « Nous avons confirmé pour maistre d'escole Jean Cottignat. » Communiants, 100.

1703. — « Il y a un maistre d'escole. »

1707. — « Georges Andrez, recteur d'école. » [1]

1751. — « Jean Clerc, recteur d'école. » [2]

LUCY-SUR-YONNE 1700. — « Nous avons confirmé Georges André, maistre d'escole dans la paroisse, dans sa fonction, à condition qu'il n'enseignera plus les filles avec les garçons et qu'il observera les ordonnances de Mgr d'Autun, et pour ce nous luy avons octroyé notre institution. » Communiants, 100.

1703. — « Il y a un maistre d'escole. »

METZ-LE-COMTE 1667. — « Mre Jean Richebraque, natif du lieu, qui a tenu le collége de Varzy, au diocèse d'Auxerre, y demeure depuis trois mois, mais il ne prétend pas y faire son establissement. Il instruict les jeunes garçons, leur montre le latin, à lire et à escrire et leur enseigne le catéchisme. Dame Louyse Brissa, femme de Mre Jean Perrève, praticien audict lieu, qui a beaucoup de piété, nous a dict qu'elle instruisoit les jeunes filles auxquelles elle montre à lire et à escrire et leur enseigne le catéchisme, dont elles ont respondu fort raisonnablement. Elle nous a dict qu'elle faisoit cet exercice par charité et n'en faisoit pas profession. » Communiants, 300.

MONCEAU 1703. — « M. Grandjean, curé, tient escole charitable. »

1. *Notice historique sur Givry*, par P. Dalbanne; *Annuaire de l'Yonne* de 1873, p. 161.

2. Id.

Montillot 1700. — « Ont nommé pour marguillier, chantre et maistre d'escole dans la paroisse le sieur Guillaume Defer qui a promis de faire lesdites fonctions avec l'exactitude requise, moyennant quoy lesdits paroissiens se sont obligés de luy donner et faire donner, par chaque année, trois sols par chaque manouvrier et une quarte de bled par chaque laboureur et une demye quarte par demye charrue, et outre ce que ceux qui envoyront leurs enfants à l'escole payeront les mois qui seront, pour chaque enfant, de trois sols pour ceux qui apprendront à lire, et de cinq sols pour ceux qui apprendront à lire et à escrire, comme encore, qu'au cas que le Roy attribue quelques droits au maistre d'escole des paroisses, qu'il percevra lesdits droits dans cette paroisse sans diminution de ceux cy-dessus. » Communiants, 240.

Précy-le-Sec 1671. — « Pour le précepteur, il y en a un gagé de la communauté. » Communiants, 300.

1698. — « Nous avons en outre confirmé Edme Rameau pour maistre d'escole. »

1700. — « Nous avons en outre confirmé Edme Rameau pour maistre d'escole dans laditte paroisse, sur le bon rapport à nous fait de sa bonne conduitte par le sieur curé et ses paroissiens. »

1703. — « Il y a un maistre d'escolle. »

Saint-Père 1681. — « Il y a un maistre d'eschole qui n'a point d'institution, mais qui est du lieu et de bonnes mœurs. » Communiants, 800.

1700. — « Nous avons confirmé et institué pour maistre d'escole dans la paroisse le sieur Jacques Voyon, sur ce que le sieur curé et les susnommés nous ont rapporté qu'ils estoient contents de sa conduitte, à condition qu'il suivra les ordonnances du diocèze. »

Saisy 1700. — « Nous avons recommandé au sieur maistre d'escole dans la paroisse d'exécuter ponctuellement les clauses du contract qui a fondé son establissement et les ordonnances de Mgr l'évesque d'Autun, pour quoy nous luy avons donné les avis nécessaires, et d'obéir pour ce qui lui sera prescript par le sieur curé, que nous invitons d'y tenir la main, à ce qui sera nécessaire pour ce qu'il doit pour le service de la paroisse, et s'il n'y satisfaict pas et qu'il y manque, comme il a faict par le passé, il sera destitué et sera pourveu d'un autre en sa place. » Communiants, 280.

1703. — « Il y a un maistre d'escolle qui a de beaux revenus et qui ne faict pas son devoir. Il y faudrait mettre quelque ordre. »

SERMIZELLE 1672. — « Un maistre d'escole nommé Jacques Masson. » Communiants, 240.

THAROISEAU 1671. — « Il y a un maistre d'escolle nommé Guillaume Pannas, lequel nous avons fait comparoir par-devant nous, et l'ayant interrogé nous l'avons trouvé capable, et à cest effect nous avons déclaré receu le serment moyennant lequel il a promis de continuer à enseigner la jeunesse dudit Taroiseau. »

1681. — « Il y a un maistre d'eschole qui n'est point à gage. » Communiants, 180.

VÉZELAY 1610. — « Edme Mailly, recteur d'escolle. » [1]

1615. — « Jean Bussières, recteur d'escolle. » [2]

1633. — « Louis Lebault, recteur d'escolle. » [3]

1663. — « M. Chasseré, recteur des escoles. » [4]

1681. (Paroisse Saint-Pierre.) — « Il y a un maistre d'eschole, nommé Léonard Pinot, du diocèse de Nevers, prebstre, depuis six mois, âgé de vingt-cinq ans six mois, natif d'Asnan, un autre pour le françois, nommé Esme Paillot, natif d'Auxerre. Les maistres d'eschole ont leurs institutions de Mgr d'Autun. » Communiants, 440 environ.

1703. — « Il y a un maistre d'escole. »

1745. — « Élection de M. Boussard pour maître d'école. » (Arch. de Vézelay, B B. 3.)

1757. — « Payé à Mirville, maître d'école, 50 livres, pour trois mois de gages. » (Id. C C. 3.)

1. Registre des baptêmes et sépultures de la ville de Vézelay.
2. Id.
3. Id.
4. A. Cherest, *Étude sur Vézelay*, t. II, p. 483. Auxerre, 1868.

PAROISSES DIVERSES

Lucenay-l'Évêque (Archiprêtré d'Autun). — Cette paroisse que nous avons trouvée munie de maîtres d'école pendant le seizième siècle en possédait aussi aux époques suivantes : Par acte du 8 novembre 1670, nous voyons que Noel Lequeulx, maître d'école à Lucenay, s'engage à prendre en pension Dimanche Pernot, fils de Jean Pernot, laboureur à Barnay, le nourrir, coucher, chauffer, blanchir, lui montrer à lire, écrire et compter « au mieulx que lui sera possible », moyennant le prix de trente livres en argent, vingt boisseaux de seigle et trois livres d'épingles pour sa femme. [1]

1706. — « Jacques Levesque a une institution de maître d'école. La nommée Françoise Bonnard enseigne les filles charitablement. » Communiants, 550.

1734. — « Il nous a encore été représenté par le sieur Barouin, fabricien, que le nommé Esmiland Besson faisait depuis quelques années les fonctions de maître d'escolle, auquel Besson nous aurions demandé s'il auroit été approuvé par Mgr d'Autun ou par ses grands vicaires, lequel nous a dit que non : sur quoy nous lui aurions enjoint de se représenter par-devant Mgr d'Autun ou ses grands vicaires pour prendre une institution, si la plus part des habitants ne nous avoient tesmoigné désirer voulloir avoir un second prestre qui serviroit en mesme temps de vicaire et de maître d'escolle, offrans de se cottiser pour lui faire un revenu suffisant pour sa subsistance. Nous avons différé d'y statuer jusques à ce que les habitants se soient assemblés pour délibérer sur les propositions qu'ils nous ont faites de vouloir se cottiser pour avoir un second prestre, ce que nous les avons invité de faire incessament et de nous envoyer la délibération qu'ils auront prise, pour la faire authoriser par Mgr l'évesque ou par nous, en cas d'absence. »

1736. — « Le sieur Émiland Besson, se disant maistre d'écolle, se pourvoyra, dans l'espace d'un mois au plus tard, d'une

1. Arch. de l'Évêché d'Autun.

institution pour faire les fonctions de maistre d'écolle et nous jus-
tifira dans ledit temps de l'agrément de M. le curé et des principaux
habitants et nous apportera un certificat de ses vie, mœurs, religion et capacité, signé dudit sieur curé et des principaux habitants. »

L'école de Lucenay possédait un pré acquis en 1726 par
M. Pierre Gaudry, curé de Lucenay, avec l'argent qui avait été
légué par une demoiselle Bézuiller, pour la dotation de l'établissement.

MONTSAUCHE (Arch. d'Anost) 1687. — « Il y a un maître d'escole qui est de bonne vie, mais il n'a point d'institution. » Communiants, 400.

ANOST (Id.) 1700. « Le sieur Philibert Balivet, curé d'Anost,
nous a dit qu'il y a un maistre d'escole qui s'appelle Nicolas
Bigeard, qui n'enseigne que les garçons et suit assez exactement
les intentions de Mgr, et s'estant représenté par-devant nous,
après l'avoir interrogé, nous l'avons trouvé suffisant et luy avons
donné nostre institution pour continuer. » Communiants, 720.

MATOUR (Arch. du Bois-Sainte-Marie) 1681. — « Il y a un
maistre d'escole, nommé Pierre Thoyot, qui n'a aucune institution, natif dudit lieu. » Communiants, 800.

1690. — « Il y a un maistre d'eschole qui y enseigne depuis
plus de trente ans, homme de probité et enseignant bien. »

BOIS-SAINTE-MARIE 1681. — « Il y a un maistre d'escole qui
s'appelle Jean Boinat, natif de la paroisse du Pin-en-Bourbon-
nois, lequel n'a aucune institution, seulement l'approbation du
sieur curé et des principaux de laditte ville, estant homme de
probité et capable pour l'instruction de la jeunesse. » Communiants, 200.

1690. — « Il y a un maître d'escholle qui s'est institué luy
mesme et que les habitants prétendent garder sans qu'il ayt
besoin ny de l'institution de Mgr ny de messieurs les archi-
prestres. »

MONTCENIS (Arch. de Blanzy) 1688. — « Le maistre d'escole a son institution. On en est content. »

SAINT-SERNIN-DU-BOIS 1750. (Id.) — « Reiné Darlot, recteur d'école. » [1]

BOURBON-LANCY 1630. — Réception d'un recteur « aux gaiges accoutumez et destinez à ladicte charge ; et pour ses salaires, il sera payé de chascun escollier apprenant seulement à lire, six solz, et de celui qui apprendra à lire, escripre et la langue latine, douze solz par moys; et au surplus sera logé en une maison qui sera pour cest effect louée par les eschevins aux frais de la ville et jouira des héritages deppendans de l'ancien collège ruyné, qui sont la place, jardin et chenevière. » *Invent. des archives communales de Bourbon*, par M. Michon.)

1638. — « Sur la proposition que le grand nombre d'enfants de la ville et faulbourg ne peult estre instruit et enseigné aux lettres par le maistre d'escolle de ce lieu, d'ailleurs qu'il ne les peult instruire qu'à lire et escrire et quelque principe de gradmaire; que sy il y avoit un régent capable pour les enseigner jusques à ce qu'ils fussent capables d'entrer en une seconde ou du moins en une troisième classe aux pères Jésuites, ce seroit un grand soulagement pour les parens desdiz enfans, à raison des pensions qui sont de présent à sy hault pris aux villes où lesdiz Jésuites sont establis ; a esté deslibéré qu'il sera proposé audict maistre d'escolle s'il peut fournir un régent capable et à quel pris et condition. » Id.

1647. — « Plainte de Pierre Cirgot, recteur des écoles de Bourbon, contre François Girard qu'il avoit reçu chez lui en qualité de régent pour enseigner la langue latine, moyennant la somme de quatre livres par mois, et oultre ce de le nourir, coucher, chauffer. » Id.

1682. — « Réception de Joseph Sénevé, recteur, à 80 l. de gages. Il s'engage à tenir un régent capable d'enseigner le latin jusqu'à la classe de troisième; il se fera payer de chaque écolier

1. *Saint-Sernin-du-Bois et son dernier prieur, J.-B.-Augustin de Salignac-Fénelon,* par M. l'abbé Sebille, p. 51.

apprenant simplement à lire, cinq sols par mois, et de ceux qui apprendront l'écriture, l'arithmétique et le latin, dix sols. » Id.

1693. — « Bénédiction de la maison des sœurs de la Providençe, établies en cette paroisse (St-Léger) pour l'instruction des filles, sous les ordres et authorité de Mgr de Roquette évêque d'Autun. » (Id.)

1727. — « Gabriel Morot, recteur. » (Id.)

1729. — « Maître d'école, bon pour les mœurs, mais ne prend pas assez d'autorité sur ses écoliers. »

1739. — Il y a un maître d'école. » Communiants, 500.

1770. — « S'est présenté Vivant Lamotte, recteur des écoles de cette ville, qui observe que s'étant perfectionné dans l'art d'écrire par un travail assidu, il prie MM. les magistrats et habitants de le dispenser de tenir un maître d'écriture, qu'il s'étoit soumis à tenir, attendu qu'il n'avoit pas pour lors une assez bonne main. On lui fait écrire un modèle qui est reconnu convenable, et sa demande est accordée. » (Id.)

1782. — « Réception de Jean-Simon-François Dusuzeau, recteur des écoles, aux conditions ordinaires. » (Id.)

DIGOIN (Arch. de Charolles) 1669. — « Il y a un maître et une maîtresse d'escole. »

1729. — « Il y a des maîtresses qui ne sont pas approuvées. » Communiants, 1500.

CHAROLLES (Id.) 1681. — « Dans laditte ville, il y a un maître d'école, nommé Mre Jacques Dupont, institué par feu Mgr de Maupeou, évêque de Chalon, faisant la visitte pour Mgr l'évêque d'Autun. » Communiants, 1200. (Paroisse Saint-Nizier.)

1689. — « Il y a pour l'établissement d'un maistre des petites écholes une somme de 340 livres de rente, dont le Chappitre en donne 20 livres pour enseigner les enfants de chœur; outre ce, exemption de taille et de toutes charges, et un logement, sans y comprendre la rétribution qu'il retire par mois de chaque écholier. Cet établissement paroist assez considérable pour y avoir un homme de vertu et de mérite. Il y a actuellement un nommé Louis Drouin dont on n'est pas bien satisfait, excepté quelques particuliers des principaux habitants qui le soutiennent. Il enseignoit, il y a trois ou quattre ans, à Paray, la philosophie, mais ses escholiers n'y apprirent que très peu de science et encore moins de sagesse, ayant une femme dont la vie et la conduitte n'étoient point édifiantes. On n'en dit pas à Charolles tout ce qu'on en disoit à Paray, et Dieu veuille qu'il n'y ait pas plus de mal ! »

1729. — (Paroisse Saint-Nizier.) « Il y a deux maîtres d'école, dont l'un n'est pas approuvé. » Communiants, 500.

PARAY-LE-MONIAL (Id.) 1681. — « Il y a un maître d'école, nommé Jacque du Mény, institué par Mgr. » Communiants, 2000.

1689. — « Mre Jacque Dumény a son institution et a, des gages de la ville, la somme de 200 livres. Il est obligé d'avoir un autre maistre soubz luy, qui enseigne les premiers principes de la grammaire. Mre Claude Thiron enseigne aussy ceux qui vont soubz luy. Il étoit autrefois, dans laditte ville, le maistre principal ; il quitta pour aller à Bourbon-Lancy, d'où il est retourné à Paray, et comme il écrit beaucoup mieux que ledit sieur Dumény, il a des écholiers, surtout les enfants des nouveaux convertys [1] qui affectent de les envoyer chez luy. On demande des imprimés en feuille des règlements pour les faire mettre dans les chambres des petites écholes et les faire observer. Les religieuses Ursulines enseignent les petites filles qui n'y profittent pas beaucoup et qui le font mieux ailleurs soubs des filles sages qui s'en meslent pour gagner quelque chose. »

1729. — « Il y a un maître d'école qui a son institution et qui fait bien son devoir. Il y a une maitresse d'école approuvée. » Communiants, 1300.

VAUDEBARIER (Id.) 1681. — « Il n'y a point de maître d'école, sinon une femme qui enseigne gratuitement les enfants. » Communiants, 220.

MARTIGNY-LE-COMTE (Id.) 1689. — « Il n'y a point de maistre qui tienne écholes publiques, mais un nommé Poncet

---

1. A la suite de la révocation de l'édit de Nantes.

va dans les maisons des particuliers pour apprendre à écrire. » Communiants, 700.

Luzy 1698. — « Il y a une fondation considérable pour la rétribution du maistre d'école. » [1]

1705. — « Il nous a esté dit que feu le sieur Bergeret, curé dudit Luzy, avoit fondé une place de maître d'école et dont les fonctions devoient estre exercées par un prêtre, au choix et à la nomination des magistrats dudit lieu, pour l'entretien duquel prêtre ledit feu sieur Bergeret avoit laissé 6,000 livres qui devoient estre mises en fond et 400 livres pour luy fournir une maison. »

1729. — « Maître d'école un nommé Blondelot, originaire de Bar-le-Duc, en Lorraine, qui n'a pas d'institution et dont on n'est pas encore suffisament informé de son estat, mœurs et capacité. Il y a une maîtresse d'école sans institution. » Communiants, 600.

Moulins (Allier) 1739. — (Paroisse Saint-Pierre.) « Six maîtres et douze maîtresses d'école. » Communiants, 15000.

(Paroisse de la Madeleine.) — « Un maître et une maîtresse d'école. » Communiants, 600.

Toulon-sur-Arroux (Arch. de Perrecy) 1729. — « Il y a une maîtresse d'école qui n'a point d'institution. »

Saligny (Arch. de Pierrefitte) 1693. — « Petite école tenue par le sieur curé. »

Diou (Id.) 1669. — « Il y a un maistre d'escole, nommé Balthazar Henry, du pays de Cambrésy, paroisse d'Abancourt, proche Cambray, établi depuis deux ans dans le village. Il a environ quatorze ou quinze écoliers de l'un et l'autre sexe qui sont ensemble, n'y estant qu'une classe. Il enseigne à lire, à écrire, l'arithemétique et les principes de la langue latine. Il n'a aucuns apointements de la paroisse. Le sieur curé nous a certifié de ses bonnes vie et mœurs et de sa famille. »

---

1. *Correspondance des contrôleurs généraux*, par M. de Boislisle, t. I, n° 1694.

LA MOTTE-SAINT-JEAN (Arch. de Semur-en-Brionnais) 1729. — « Il y a une maîtresse d'école qui enseigne quelques garçons et quelques filles. » Communiants, 400.

MARCIGNY (Id.) 1669. — « Il y a deux maistres d'escole, dont l'un a quelques gages de la ville. Il y a aussy une maîtresse pour instruire les filles. »

1729. — « Il y a un maître d'école légitimement approuvé. Il y a plusieurs maîtresses qui n'ont point d'institution. »

OYÉ (Id.) 1780. — « Prébende préceptoriale pour l'éducation des enfants, fondée, en 1701, par Edmond Circaud, qui, au défaut des Circaud, en laisse le patronage au curé et aux échevins. » Communiants, 650. [1]

SEMUR-EN-BRIONNAIS (Id.) 1729.—« Le sieur Lucenay, de Charolles, n'apprend qu'à lire et escrire. Il avoit une prébende préceptoriale dont l'assignal est en ruine. La ville luy donne 120 livres et son logement. Il est de bonnes mœurs. » Paroissiens, 2500.

ADDITIONS ET CORRECTIONS

Page 96, note 2, au lieu de V. Documents, lisez : V. Arch. de la Côte-d'Or, C. 1693.

Page 137, ajoutez :

AIGNAY-LE-DUC 1782. — « Requête présentée par Louis Royer et Pierre Belin, scindics en exercice de la communauté, et quelques-uns des principaux habitants, par laquelle ils exposent que sur les représentations de la majeure partie des habitants

---

1. Courtépée, *Description du duché de Bourgogne*, nouv. édit., t. III, p 105.

assemblés, à la tenue des grands jours, du 29 décembre 1781, Jean Gallimardet, recteur d'école d'Aignay, fut remercié et révoqué. Le motif qu'ils employèrent avait pour base l'incapacité, l'ignorance de ce maître d'école et l'irrégularité de sa conduite, fréquentant les cabarets. Son incapacité est tellement reconnue, disent-ils, que les notables se sont vus forcés, depuis plusieurs années, de placer leurs enfants dans des pensions étrangères, pour leur procurer les premiers principes de l'écriture et de la lecture. Ils remontrèrent qu'il était bien dur à des pères de famille, pour donner l'éducation qu'ils doivent à leurs enfants, de les expatrier à grands frais pour leur procurer ces principes et de se priver de la satisfaction de les voir élevés sous leurs yeux ; qu'il était du plus sensible intérêt pour eux qu'il fût remédié promptement à un inconvénient qui leur faisait un tort aussi réel ; que le seul moyen était de révoquer Jean Gallimardet et de faire les diligences nécessaires pour se procurer un recteur d'école intelligent et qui aurait les talens de cet état. Sur quoi, d'une voix unanime, la révocation de ce recteur d'école fut prononcée, et les scindics chargés de faire les démarches convenables pour s'en procurer un autre. Il fut dit qu'il continuerait néanmoins ses exercices pendant les neuf mois qui restaient à expirer de son année. Ce terme arrivé, sa révocation lui a été notifiée avec interpellation de vuider la *maison rectorale*. Aux grands jours de 1782, les suppliants ont fait trouver le nommé Nicolas-Alexis Ronot, recteur d'école à Lucenay, pour être examiné et reçu, s'il était jugé capable. Le sieur Gallimardet, qui, ajoutent-ils, malgré sa révocation s'était formé un parti dans ceux de la plus basse classe des habitants et qui avait soldé la plupart d'entre eux, fit élever tant de tumulte et de contestations que les officiers furent obligés de prendre les voix par colonnes. Il est résulté de cette opération que 24 habitants seulement, dans lesquels se trouvent les plus notables et même les officiers ont voté pour Ronot, tandis que la colonne dite pour Jean Gallimardet, recteur actuel, est composée de 69 habitants dont le plus grand nombre sont de misérables manouvriers, beaucoup d'autres sans enfants et qui n'ayant point d'intérêt à la chose publique n'ont voulu montrer que l'esprit de contrariété et de parti qui leur avait été suggéré et par contradiction à la révocation qu'ils avaient souscrite unanimement le 27 décembre 1781 ; encore ses partisans se sont-ils retirés sans vouloir signer, ainsi qu'il résulte du procès-verbal dudit jour 6 septembre 1782, de manière que l'on peut dire qu'il n'y a rien de décidé, que la révocation de Jean Gallimardet existe et qu'il ne lui a été renouvelé aucun marché.

» Les suppliants concluent à ce qu'il plaise à M. l'intendant, vu la délibération du 29 décembre 1781, contenant la révocation dudit Gallimardet, et celle du 6 septembre de la présente année, ordonner qu'à la diligence des scindics, tous les habitants en général de la communauté seront tenus de s'assembler le premier dimanche ou fête qui suivra la réception de l'ordonnance à intervenir à peine de telle amende qui sera par icelle prononcée, à l'effet de recevoir et passer marché au sieur Nicolas-Alexis Ronot en qualité de recteur d'école, ou tous autres qui se présenteront au jour indiqué et qui seront jugés les plus capables, et ce pour le temps qui sera réglé et aux conditions les plus avantageuses à la communauté, faire défense au surplus à Jean Gallimardet de paraître à ladite assemblée, aussi sous telles peines qu'il plaira à M. l'intendant de prononcer. Ladite requête signée seulement de 18 habitants, compris les deux scindics. » C. 1026.

Page 160, *ajoutez :*

FLAGEY 1788. — « Les habitants de Flagey ont passé une nouvelle convention pour 3 années commencées le 1er janvier 1788, avec le sieur Nicolas Rollet, leur recteur d'école, aux gages annuels de 100 livres. Il sera logé gratuitement suivant l'usage dans la maison rectorale que les habitants se sont soumis de recouvrir à paille dans le courant d'avril 1788. » C. 1493.